Erhard Dietl lebt als freier Schriftsteller und Illustrator in München. Er hat über 100 Kinderbücher veröffentlicht, mit großem nationalem und internationalem Erfolg. Seine Bücher wurden mehrfach ausgezeichnet, u.a. von der »Stiftung Buchkunst«, und mit dem Österreichischen sowie dem Saarländischen Kinder- und Jugendbuchpreis geehrt. Zu seinen erfolgreichsten Figuren gehören die anarchischen Olchis, die sogar Büchermuffel zum Lesen und Lachen bringen. Auch Erhard Dietls Serie über Gustav Gorky, den Reporter aus dem Weltall, bereitet ihren Lesern großes Vergnügen, und dies ganz besonders den vielen, vielen Olchi-Fans!

Erhard Dietl

Die Olchis

Safari bei den Berggorillas

Verlag Friedrich Oetinger · Hamburg

Kinderbücher über die Olchis bei Oetinger:

Das geheime Olchi-Experiment
Die Olchis fliegen zum Mond
Die Olchis und der karierte Tigerhai
Die Olchis und die grüne Mumie
Die Olchis und die Teufelshöhle
Die Olchis im Bann des Magiers
Die Olchis und die Gully-Detektive von London
Die Olchis. Safari bei den Berggorillas
Die Olchis. Jagd auf das Phantom
Die Olchis. Gefangen auf der Pirateninsel

In der spannenden Reihe über die »Olchi-Detektive« sind zahlreiche Einzelhefte und drei Sammelbände erschienen. Material für PädagogInnen zum Thema findet sich unter www.vgo-schule.de.

FSC www.fsc.org
MIX
Papier | Fördert gute Waldnutzung
FSC® C002795

2. Auflage

Max-Brauer-Allee 34, 22765 Hamburg

Einband und Illustrationen von Erhard Dietl
Satz: Das Herstellungsbüro, Hamburg
Druck und Bindung: Livonia Print SIA,
Jurkalnes iela 15/25, LV-1046 Riga, Lettland
*Printed 2024/3
ISBN 978-3-7891-3381-7

www.olchis.de
www.erhard-dietl.de
www.oetinger.de

Inhalt

Olchi-Mama
Olchi-Baby
Olchi-Papa
Das eine Olchi-Kind
Das andere Olchi-Kind
Olchi-Opa und Olchi-Oma
Feuerstuhl

So sind die Olchis

Wenn dir mal ein Olchi über den Weg läuft, musst du nicht erschrecken. Die Olchis sehen zwar ein wenig merkwürdig aus, und dass sie so furchtbar müffeln, ist sicher unangenehm. Aber sie sind meist freundlich, gutmütig und hilfsbereit und im Grunde völlig harmlos.
Es gibt jedoch ein paar Dinge, die du unbedingt wissen solltest.
1. Die Olchis wohnen auf dem Müllberg von Schmuddelfing.
Sie freuen sich, wenn es regnet. Dann ist alles schön matschig und aufgeweicht, und sie können herrliche Schlammbäder nehmen und fette Matschknödel durch die Gegend pfeffern.
2. Olchis waschen sich nie. Sie verströmen einen sehr olchigen Geruch, und wenn sie gähnen, dann lässt der Gestank sogar die Fliegen abstürzen.
3. Olchis haben einen krötigen Appetit und essen alles, was sie auf dem Müllberg finden: alte Fischgräten, rostige Dosen, zähe Plastiktüten, ranzige Socken und tausend andere köstliche Dinge. Mit Appetit verdrücken sie ledrige Schuhsohlen wie Wiener Schnitzel, Schuh-

bänder wie Spaghetti und rostige Nägel wie Gummibärchen.

4. Olchis bekommen nie Bauchweh. Nur wenn sie versehentlich mal etwas Frisches erwischen, dann geht es ihnen schlecht, und sie bekommen überall bunte Flecken.

5. Olchis werden uralt. Olchi-Opa ist schon 985 Jahre alt. Vor ein paar Hundert Jahren war er Haifisch-Jäger, Nilpferd-Dompteur, Tiefseetaucher, Känguru-Trainer und alles, was ihm sonst noch so einfällt.

Die beiden Olchi-Kinder sind 45, und das Baby ist 12. Sie feiern Gefurztag, wann sie wollen und sooft sie wollen, und wenn sie Lust haben, auch dreimal in der Woche.

6. Olchis sind sehr stark und haben Muskeln hart wie Eisen. Einen Autoreifen können sie mit Leichtigkeit 100 Meter über den Müllberg schleudern.

7. Olchis haben empfindliche Hörhörner. Sie hören die Kröten husten, die Ratten rülpsen und die kleinen Mäuse um die Wette pupsen. Mit dem mittleren Hörhorn können sie alle Sprachen der Welt verstehen. Das ist sehr praktisch, denn die Olchis sind sehr reiselustige Gesellen. Sie waren zum Beispiel schon mal in Ägypten, in Arabien oder auch in London. Willst du wissen, wohin die Reise diesmal geht? Dann fang an zu lesen!

Grünspecht, Lollo, Brausewein

Wer das kleine Haus von Gustav Grünspecht das erste Mal betrat, der staunte nicht schlecht. Neben dem Eingang stand ein riesiger Braunbär, und im Flur hingen ein paar ausgestopfte Vögel. Kleine Hirschgeweihe waren über die Türen genagelt, und bunte Schmetterlinge, Insekten und Käfer hingen in hübschen Glaskästen an den Wänden.

Ganz hinten im chaotischen Arbeitszimmer lagen viele wunderliche Meerestiere herum. Getrocknete Seesterne, Seeigel, Seepferdchen, Kugelfische und andere seltsame Meeresbewohner, deren Namen nur Herr Grünspecht kannte. In hohen Gläsern schwammen gruselige Glibbertiere in gelblicher Flüssigkeit, die sicher alle aus den tiefsten Tiefen der Ozeane stammten.

An der Zimmerdecke hing das lange Schwert eines Schwertfisches, und neuerdings stand sogar der lange Zahn eines Narwals neben dem Schreibtisch.

Das ganze Haus sah aus wie ein kleines Naturkundemuseum. Für Gustav Grünspecht war das völlig normal, denn er war Wissenschaftler und Tierforscher. Sein Fachgebiet waren die Tiefseefische.

Doch an diesem Morgen galt sein Interesse nicht den Weltmeeren.
»Mensch, Lollo, nun mach schon!«, rief er ins Wohnzimmer hinüber.
Lollo war allerdings kein Mensch, sondern irgendein Mischlingshund, den er vor ein paar Jahren bei sich aufgenommen hatte.
»Runter vom Sofa! Wir machen einen Ausflug!«, rief Grünspecht noch einmal.
Endlich bequemte sich der Hund vom Sofa, streckte sich und nieste. Das hatte er sich so angewöhnt, er nieste immer, wenn er Gassi gehen sollte.
Grünspecht ging mit Lollo an einem steinernen Delfin vorbei durch den kleinen Garten. Sein altes Auto stand draußen vor dem Zaun. Der Hund hüpfte auf den Rücksitz, und Grünspecht startete den Motor, der heute weniger widerspenstig war als sonst und schon nach dem dritten Versuch ansprang. Er fuhr die Schmuddelfinger Hauptstraße entlang in Richtung Gammelsberg.
Am Gammelsberger Bahnhof parkte er den Wagen und ging mit schnellen Schritten hinüber zu den Rangiergleisen. Dort stand ein ausrangierter roter Eisenbahnwaggon, in dem der bekannte Erfinder Professor Bruno Brausewein seine Werkstatt hatte. Grünspecht kannte Brausewein gut und trat ein, ohne anzuklopfen.
Es roch wie immer streng nach Chemikalien. Instinktiv zog Lollo den Schwanz ein.

»Guten Morgen, Professor!«, sagte Grünspecht. Brausewein stand versunken über ein Reagenzglas gebeugt und antwortete nicht. Sicherlich arbeitete er gerade mal wieder an einer seiner bahnbrechenden Erfindungen.

»Hallo, Professor!«, rief Grünspecht erneut.

Endlich hob Brausewein den Kopf.

»Grünspecht!«, rief er. »Wie schön, dass Sie mich mal wieder besuchen. Hab gerade ein neues Mundwasser erfunden. Mit Langzeitschutz! Sie spülen sich damit den Mund aus und müssen sich danach ein ganzes Jahr lang nicht mehr die Zähne putzen. Was sagen Sie dazu?« Er strahlte Grünspecht an und hielt ihm das Reagenzglas unter die Nase. »Wollen Sie mal probieren?«

Grünspecht schnüffelte daran und zuckte erschrocken zurück.

»Riecht nach Kloreiniger! Ich glaube, da putz ich mir doch lieber jeden Tag die Zähne.«

»Feigling!« Professor Brausewein lachte und wischte sich die Hände am weißen Kittel ab. »Was verschafft mir denn die Ehre? Was kann ich für Sie tun?«

»Es geht um Lollo«, sagte Grünspecht. »Ich brauche jemanden, der eine Weile auf meinen Hund aufpasst.«

»Wenn's weiter nichts ist!« Brausewein kam hinter dem Labortisch hervor und tätschelte Lollo den Kopf. »Für wie lange denn? Den ganzen Nachmittag?«

»Tja, eher ein bisschen länger«, sagte Grünspecht verlegen. »Ich dachte an zwei oder drei Wochen, je nachdem …«

»Oha!« Brausewein zog die Augenbrauen hoch. »So lange? Was haben Sie denn vor? Fahren Sie in den Urlaub? Gute Idee, denn Sie sehen blass aus, mein Lieber. Ein paar Tage am Strand werden Ihnen sicher guttun.«

»Nein, kein Strand. Es geht um eine dumme Geschichte«, murmelte Grünspecht. Er nahm seine Brille ab und putzte sie an der Krawatte. Das tat er immer, wenn er nervös war. »Es geht um meine Frau. Wie Sie wissen, ist Gerda auch Tierforscherin und …«

»… na, das weiß ich doch«, unterbrach ihn Brausewein. »Hab sogar schon im *Schmuddelfinger Anzeiger* über sie gelesen. Sie ist Giraffenforscherin und nun seit einigen Jahren auch auf Gorillas spezialisiert. Sie ist ja recht bekannt inzwischen.«

»Zurzeit ist sie in Afrika«, sagte Grünspecht, zupfte an seinem Kinn und versuchte vergeblich, das struppige Ziegenbärtchen glatt zu streichen.

»Afrika? Wie schön!«, rief Brausewein. »Ein wunderbares Land! Leider komm ich ja nie irgendwohin. Sitze den ganzen Tag hier im Labor fest.«

»Nun, so schön ist das nun auch wieder nicht«, meinte Grünspecht.

»Es gibt da nämlich ein Problem. Gerda leitet momentan ein Forschungsprojekt und kümmert sich in einem Nationalpark um die Berggorillas. Von ihnen existieren dort wohl nur noch ein paar Hundert Exemplare. Ihr Bestand ist extrem gefährdet.«
»Hab schon davon gehört«, sagte Brausewein. »Eine sehr lobenswerte Aufgabe, sich um diese Tiere zu kümmern.«
»Tja nun«, fuhr Grünspecht fort, »leider hat sie sich seit über drei Wochen nicht mehr bei mir gemeldet.«
»Drei Wochen schon?«
»Ich mache mir große Sorgen«, seufzte Grünspecht. »Normalerweise schickt sie mir alle paar Tage einen Brief, irgendeine kleine Nachricht, damit ich weiß, dass es ihr gut geht.«
»Haben Sie versucht, Kontakt mit der Forschungsstation aufzunehmen?«, fragte Brausewein.
»Leider vergeblich. Die Station liegt mitten im Urwald. Es gibt keine Verbindung dorthin.«
»Höchst unschön!« Brausewein schüttelte sorgenvoll den Kopf.
»Sie sagen es. Ich hab gar kein gutes Gefühl. Ich fürchte, es könnte ihr etwas Schlimmes zugestoßen sein.«
»Na, malen Sie nicht gleich den Teufel an die Wand! Bestimmt ist sie putzmunter. Aber nun wollen Sie nach Afrika fahren, um nach ihr zu suchen, nehme ich an?«
»Tja, es bleibt mir wohl keine andere Wahl. Hab mich bereits impfen lassen gegen Malaria, Cholera, Tollwut ...«

»Denken Sie an die Schlafkrankheit! Es soll dort wimmeln von Tsetsefliegen, die den Erreger übertragen, wenn man gestochen wird!«
»Hab an alles gedacht«, bestätigte Grünspecht. »Bin sozusagen startklar. Hab mir auch schon eine Ausrüstung besorgt. Tropenhelm, Wanderstiefel, Funktionskleidung und solche Sachen. Sagen Sie, hätten Sie vielleicht noch irgendein Hilfsmittel für mich? Irgendetwas, das mir nützlich sein könnte bei meiner Suche im Dschungel?«
»Sie meinen ein Gerda-Aufspürgerät?« Brausewein kicherte. »Damit kann ich leider nicht dienen. Aber warten Sie mal, ich habe ein paar ganz nützliche Sachen, die Sie vielleicht brauchen können.«
Er ging zu einem Materialschrank, zog einen kleinen Koffer heraus und kippte den Inhalt auf den Labortisch. »Sehen Sie«, sagte er. »Hier haben wir ein Multifunktions-Taschenmesser, ein Mininavigiergerät, einen erstklassigen Kompass, Spezialhandschuhe gegen stacheliges Gebüsch, ein Fernglas mit Nachtsichtgerät, ein mückensicheres Minizelt, ein Fläschchen Medizin gegen alle Arten von Schlangenbissen und jede Menge essbare Spezialsonnencreme. Schmeckt übrigens gar nicht mal so übel.«
»Ach du meine Güte«, rief Grünspecht. »Ich hab eigentlich nicht vor, Sonnencreme zu essen.«
»Außerdem ein hauchdünnes Moskitonetz und ein zerlegbares Blasrohr mit äußerst wirksamen Giftpfeilen.«
»Giftpfeile?« Grünspecht zog die Augenbrauen hoch.

»Ja, eine Mischung aus Curare und dem Gift von Pfeilgiftfröschen. Damit legen Sie den stärksten Elefanten um!«

»Hab ich eigentlich auch nicht vor.« Grünspecht wirkte ein wenig verunsichert. »Das Ding lass ich lieber hier. Am Ende steche ich mir noch damit in den Finger.«

»Wie Sie wollen«, sagte Brausewein. Er verstaute alles außer dem Blasrohr wieder im Koffer und reichte ihn Grünspecht.
»Vielen Dank«, sagte Grünspecht. »Mal sehen, was ich davon brauchen kann.«
»Reisen Sie denn ganz allein?«
»Nein«, sagte Grünspecht. »Ich hoffe, ein paar von den Olchis begleiten mich.«
»Die Olchis?« Der Professor runzelte die Stirn. »Wieso das denn?«
»Nun, sie waren schon einmal mit mir in Abu Dhabi«, erklärte Grünspecht. »Haben mir damals bei der Suche nach dem karierten Tigerhai sehr geholfen. Ich hoffe sehr, ich kann sie auch zu einer Afrikareise überreden.«
»Vielleicht keine schlechte Idee«, meinte Brausewein. »Sicher besser, als wenn Sie ganz allein reisen. Aber Sie sollten sich Parfüm mitnehmen, denn leider müffeln diese Stinkerlinge ganz entsetzlich.«
»Ich weiß, ich weiß«, sagte Grünspecht. »Sie duften nicht gerade nach Veilchen. Aber daran gewöhnt man sich. Und im Dschungel ist das sowieso egal, denke ich.«
»Na, dann mal viel Glück!« Brausewein drückte Grünspecht beide Hände. »Auf Ihren Hund pass ich natürlich gern solange auf. Grüßen Sie Ihre liebe Frau von mir, wenn Sie sie gefunden haben!«
»Ich hoffe, dass ich das bald tun kann«, sagte Grünspecht.

Dicke Luft

Die Olchis hatten am liebsten Schmuddelwetter. Platzregen, Dauerregen oder Nieselregen, der auf ihrem Müllberg die gammeligen Matratzen aufweichte und die herrlichen Schrottteile immer so schön verrostete. Wenn es regnete, gab es riesige Matschpfützen, in denen die Olchi-Kinder so gern herumhüpften, und Olchi-Mama konnte ihre berühmte Schlammsuppe kochen.
Doch in letzter Zeit hatte es lange nicht geregnet. Alles war furztrocken, und der Sonne schien es einen höllischen Spaß zu machen, die olchige Müllkippe so richtig aufzuheizen.
Vielleicht war das auch der Grund, warum die Olchis momentan ein bisschen gereizt waren. Ja, man kann sagen, auf dem Schmuddelfinger Müllberg herrschte krötig dicke Luft.
»Muffelfurzteufel noch mal!«, hörte man Olchi-Opa schimpfen. »Kann bitte jemand dieses Geschrei abstellen? Da fallen einem ja die Hörhörner vom Kopf!« Vor der Olchi-Höhle lag das kleine Olchi-Baby in seiner Obstkiste und krähte aus Leibeskräften. Olchi-Opa saß daneben auf seinem alten Ofen und hielt sich die Hörhörner zu.

Verzweifelt versuchte er, sich auf sein neues Gedicht zu konzentrieren.
»Pfützen gibt es nur bei Regen … In Pfützen tu ich mich gern legen«, reimte er verdrossen vor sich hin. »Nasse Socken, nasser Matsch … äh, beim ranzigen Käserich, was reimt sich denn auf Matsch? Läusefurz! Ich kann mich nicht konzentrieren bei dem Geschrei!«
»Wääh! Wäääh! Wääääh!«, krähte das Olchi-Baby.
Olchi-Opa kratzte seine grüne Knubbelnase und rülpste. Eine kleine Mücke fiel tot auf den Boden. »Ruhe!«, brüllte er. »So kann doch kein Mensch nachdenken! Und ein Olchi schon zweimal nicht!«

»Was meckerst du heute den ganzen Tag herum?«, rief ihm Olchi-Oma zu. Sie war gerade dabei, den Drachen Feuerstuhl mit trockener Erde zu verschmutzen. Feuchter Matsch wäre natürlich besser gewesen, aber wo sollte sie bei diesem sonnigen Mistwetter Matsch hernehmen?
»Kleine Kinder schreien nun mal gern«, sagte sie zu Olchi-Opa. »Du warst auch mal jung, hast du das vergessen?«
»Aber nun bin ich 985 und habe ein Recht auf ein bisschen Ruhe!«, rief Olchi-Opa. »Stell endlich dieses Baby ab!«
»Wäääääääh!«, krähte das Olchi-Baby.
»Ich hab hier alle Hände voll zu tun«, brummte Olchi-Oma. »Das kann doch Olchi-Mama machen.«
Doch auch Olchi-Mama war beschäftigt. Sie bereitete gerade das Essen vor, zerstampfte Ziegelsteine, zerkleinerte Glühbirnen und schnitt Plastiktüten in kleine Streifen.
»Muss man hier alles selber machen?«, sagte sie und stellte ihren schmuddeligen Kochtopf zur Seite. Sie ging hinüber zu Olchi-Baby und steckte ihm zum dritten Mal eine alte Fischgräte in den Mund. Für einen Moment war das Olchi-Baby still, dann spuckte es die Gräte wieder aus, und schon ging das Geschrei wieder los.
»Wääh! Wäääääääh!«
Olchi-Mama schüttelte den Kopf, dass ihre harten Drahthaare klapperten.
»Beim ranzigen Läuserich, was hat es nur? Hunger kann es nicht sein. Es hat gerade erst zwei klein gehackte

Schuhsohlen verdrückt. Und ein Fläschchen Fahrradöl hat es auch getrunken.«
»Wieso gibst du ihm Fahrradöl?«, schimpfte Olchi-Opa. »Du weißt doch, dass ich das so gerne mag. Kann es nicht einfach Schmuddelbrühe trinken, wie andere Babys auch?«
Da streckte Olchi-Papa seinen Kopf aus der Garage. Er schwang einen großen Hammer und rief: »Was soll denn dieses Gemecker? Beim Grätenfurz, ich will in Ruhe an meiner Schlammdusche basteln!«
»Misch du dich nicht auch noch ein«, schimpfte Olchi-Mama.
Drüben bei den alten Waschmaschinen und rostigen Heizkörpern sah man jetzt die beiden Olchi-Kinder auftauchen.
»Wir haben Besuch!«, riefen sie. »Wir haben jemanden mitgebracht.«
Hinter ihnen stolperte Gustav Grünspecht über den Müllberg.
»Hallo, Olchis!«, rief er laut, denn es war nicht leicht, Olchi-Babys Geschrei zu übertönen. »Hoffe, es geht euch gut?«
»Gut ist zu viel gesagt«, meinte Olchi-Papa. »Alle meckern heute herum, und das Baby plärrt sich die Gräten aus dem Leib.«
Grünspecht warf einen besorgten Blick auf das schreiende Olchi-Baby.

»Hat es vielleicht Bauchweh?«, überlegte er.
»Ein Olchi hat nie Bauchweh«, korrigierte ihn Olchi-Mama. »Keine Ahnung, warum es so schreit. Was Frisches hat es bestimmt nicht gegessen, da bin ich sicher.«
»Schleime-Schlamm und Käserich, ich weiß, was es braucht«, sagte das eine Olchi-Kind. Es sauste hinter Feuerstuhls Garage, kam mit einer fetten Kröte zurück und setzte sie zum Olchi-Baby in die Obstkiste. Sofort hörte das Olchi-Baby zu schreien auf.
»Welch himmlische Ruhe«, sagte Olchi-Papa erleichtert.
»Beim Hühnerich, das Baby braucht eben was zum Spielen«, erklärte das Olchi-Kind. »Ihm war nur furzlangweilig.«
»Das hätte es doch gleich sagen können«, knurrte Olchi-Opa.
Grünspecht räusperte sich und sagte: »Also, liebe Olchis, eigentlich wollte ich euch ja etwas fragen.«
»Was denn?« Olchi-Opa und die anderen Olchis schauten Grünspecht erwartungsvoll an.
»Habt ihr Lust auf eine kleine Reise? Wollt ihr mich nach Afrika begleiten? Es soll ein wunderschönes Land sein.«
»Dort war ich schon mal«, behauptete Olchi-Opa. »Vor 500 Jahren hab ich eine Safari gemacht. Ich hab nach Stinktieren und Warzenschweinen gesucht.«
»Ja, Safaris sind immer noch sehr in Mode«, sagte Grünspecht.

Er erzählte den Olchis vom Grund seiner Reise. Von Gerda, die dort in den Bergregionen des Nationalparks die Gorillas erforschte und nun leider verschollen war.
»Würdet ihr mit mir nach Afrika kommen und nach Gerda suchen?« Er schaute fragend in die Runde.
Olchi-Papa schüttelte den Kopf. »Hab keine Zeit für solche Späße. Baue gerade eine Schlammdusche und will damit fertig sein, wenn es endlich mal wieder regnet.«
Auch Olchi-Oma und Olchi-Mama hatten keine Lust zu verreisen und wollten lieber zu Hause auf ihrem gemütlichen Müllberg bleiben.
»Aber wir kommen gern mit«, meinten die Olchi-Kinder.
»Beim wanzigen Gräterich, wir helfen dir beim Suchen!«

»Ich bin auch dabei!« Olchi-Opa hüpfte von seinem Ofen. »Erstens sind Abenteuer immer gut. Und zweitens brauch ich dringend mal ein bisschen Luftveränderung.«
»Wieso Luftveränderung?«, wunderte sich Olchi-Oma. »Unsere Luft ist doch krötig hier.«
»Ich meine, mir fällt hier langsam die Decke auf die Hörhörner«, brummte Olchi-Opa. »Außerdem bin ich ein Experte für Safaris. Ich komme auf jeden Fall mit.«
Gustav Grünspecht freute sich.
»Na, das ist ja wunderbar! Schon morgen geht unser Flug.«
»Je eher, desto besser«, meinte Olchi-Opa.
»Ich hab mir gedacht, es ist am praktischsten, ihr Olchis steigt am Flughafen in eine Kiste«, erklärte Grünspecht. »Ich gebe euch dann als Gepäck auf, und ihr könnt im Frachtraum des Flugzeugs reisen. Auf diese Weise sparen wir das Geld für die Tickets.« Was er noch damit bezweckte, sagte er ihnen nicht, nämlich dass er mit den müffelnden Stinkerlingen lieber nicht zwischen den anderen Passagieren sitzen wollte.
Grünspecht schaute sich suchend um. »Hier auf eurem Abfallhaufen finden wir doch sicher eine passende Kiste, oder?«
»Kisten sind kein Problem. Wir haben jede Menge davon«, bestätigten die Olchi-Kinder. Sie liefen los und kamen mit einer verbeulten Alu-Kiste und einem großen Koffer zurück.

»Perfekt!«, meinte Grünspecht. »Wir machen ein paar Luftlöcher hinein, und wenn wir ein bisschen Müll reinwerfen, wird das sicher ganz gemütlich für euch.«
»Ich setz mich in den Koffer«, sagte Olchi-Opa. »Der riecht so schön modrig.«
Grünspecht überlegte: »Da wäre dann noch das Problem mit den Impfungen. Gegen Malaria und andere unschöne Krankheiten …«
»Krankheiten? Wir werden nie krank, nur wenn wir etwas Frisches essen«, erklärte das eine Olchi-Kind.
»Umso besser«, sagte Grünspecht. »Dann kann es ja losgehen.«
»Gibt es denn auch Müll in Afrika?«, fragte das andere Olchi-Kind.
Grünspecht lächelte. »Na klar! Mit Sicherheit finden wir dort jede Menge feine Sachen für euch.«

Alles ist anders

Am nächsten Tag ließ sich Gustav Grünspecht mit den drei Olchis per Taxi zum Gammelsberger Flugplatz fahren. Er trug einen nagelneuen Safarihelm zu seiner Wanderkleidung, und im Kofferraum lagen sein prall gefüllter Rucksack, der olchige Koffer und die Alu-Kiste.
Vor der Flughafenhalle ließ er Olchi-Opa in den Koffer steigen, und die Olchi-Kinder kletterten in die Kiste.
Schnaufend brachte Grünspecht das Gepäck hinüber zum Schalter. Er hatte ganz schön zu schleppen, denn die kleinen Olchis waren schwer wie Blei. Hoffentlich geht alles gut, dachte Grünspecht.
Aus der Kiste hörte man es kichern. Er beugte sich hinunter und zischte: »Psst, seid bitte leise!«
Zwei Touristen, die hinter ihm am Schalter standen, blickten ihn verwundert an. Wieso redete der Mann mit seinem Gepäck?
Zum Glück gaben die Olchis jetzt keinen Mucks mehr von sich. Grünspecht konnte sein Gepäck aufgeben und bekam seine Bordkarte, der Koffer mit Olchi-Opa und die Kiste mit den Olchi-Kindern wanderten in den Frachtraum des Flugzeugs.

Grünspecht konnte aufatmen. Alles hatte reibungslos geklappt.
Doch elf Stunden Flugzeit bis zum Zielflughafen in Afrika waren kein Pappenstiel.
Hoffentlich halten die Olchis so lange durch, dachte Grünspecht besorgt.
Er selbst verbrachte die Zeit mit Lesen, Essen und Trinken, guckte sich ein paar Filme an und machte zwischendurch kleine Nickerchen. Glücklicherweise gab es keine Turbulenzen, und der Flug verlief sehr angenehm. Nur am Gepäckband musste er ziemlich lange warten, bis seine Sachen endlich auftauchten. Er schleppte den Koffer und die Kiste zu einer Toilette, wo er die Olchis endlich befreien konnte.
Olchi-Opa stieg aus seinem Reisekoffer und streckte sich. »Muffelfurzteufel«, brummte er. »So gut hab ich schon lang nicht mehr geschlafen. Das sollten wir öfter machen.«
Auch die Olchi-Kinder kletterten aus ihrer Kiste und rieben sich die Glupschaugen.
»Es war so schön dunkel da drin«, meinte das eine Olchi-Kind.
»Ich hab von einer großen Matschpfütze geträumt«, sagte das andere Olchi-Kind.
»Na, dann ist ja alles bestens!« Grünspecht lächelte erleichtert.
Er brachte den Koffer und die Kiste zur Gepäckauf-

bewahrung und mietete am Autoverleih einen geländetauglichen Jeep.
»Wohin fahren wir denn jetzt?«, fragte Olchi-Opa und setzte sich nach vorne neben Grünspecht. Die Olchi-Kinder machten es sich auf dem Rücksitz bequem.
»Erst mal zu einem Safaricamp«, erklärte Grünspecht. »Aber das ist nur unsere Zwischenstation. Von dort aus geht es dann bald weiter in den Dschungel.«
Er gab Gas und kutschierte den Geländewagen sicher durch den dichten Verkehr. Die Luft war heiß und trocken. »Es riecht hier ganz anders als in Schmuddelfing«, meinte Grünspecht. »Irgendwie angenehmer, findet ihr nicht?«
»Moderige Schlammsocke«, brummte Olchi-Opa und rümpfte die Nase. »Auf unserem Müllberg riecht es viel besser!« An einem kleinen Laden hielten sie an, damit Grünspecht sich mit Reiseproviant versorgen konnte.
»Muffelfurzteufel, wir haben auch Hunger«, meinten die Olchi-Kinder.
»Jetzt schon?«, fragte Grünspecht.
Zum Glück fanden sie neben dem Laden einen vollen Mülleimer, an dem sich die Olchis ein wenig stärken konnten. Zufrieden setzten sie ihre Fahrt fort.
»Wieso hupen hier alle wie die Verrückten?«, fragte Olchi-Opa verwundert.
»Hier hupt man gern«, sagte Grünspecht lachend. »Hier ist eben vieles anders als bei uns in Schmuddelfing.«

Auch Olchi-Opa drückte jetzt immer mal wieder kräftig auf die Hupe, und so kamen sie gut voran.
»Die Leute sehen hier alle anders aus«, stellte das eine Olchi-Kind fest. »Nicht so käsig wie bei uns in Schmuddelfing.«
»Viel dunkler und brauner, aber leider nicht grüner«, meinte das andere Olchi-Kind. »Grüner fände ich noch besser.«
Grünspecht schmunzelte. »Tja, hier in Afrika ist eben auch das anders. Man spricht hier übrigens Englisch und Französisch.«
»Kein Problem für uns«, sagte Olchi-Opa. »Wir verstehen alles.«
Grünspecht wusste natürlich bereits, dass die Olchis mit ihrem mittleren Hörhorn alle Sprachen der Welt verstehen konnten.
Hin und wieder warf er einen Blick auf die Straßenkarte, denn es war gar nicht so einfach, aus der überfüllten Stadt herauszufinden. Der Jeep hatte kein Navi, und in dem kleinen Navigationsgerät von Professor Brausewein war das Safaricamp leider nicht eingespeichert.
»Das Ding hätt ich auch zu Hause lassen können«, brummte Grünspecht und legte es zurück in den Rucksack.
Sie fuhren immer Richtung Westen und gelangten nach einer Weile endlich auf eine holprige Landstraße, die hinüber in die Bergregionen führte.

Bald sah man weit und breit kein anderes Fahrzeug mehr, und der Weg wurde immer abenteuerlicher.
Doch Grünspecht war ein ausgezeichneter Fahrer. Auf einer wackeligen Brücke steuerte er den Jeep mutig über einen reißenden Fluss, und auch tiefe Schlaglöcher passierte er, ohne mit der Wimper zu zucken.
Links und rechts wuchsen hohes Gras und Buschwerk, und es roch sehr unolchig nach wilder Natur und frischer Luft. Die Olchis rümpften ihre dicke Knubbelnase.
Immer wieder fragten die Olchi-Kinder: »Sind wir bald da?« Sie beugten sich weit aus dem Jeep hinunter zum

Auspuff, um wenigstens ein bisschen krötigen Dieselgeruch einatmen zu können.
»Bei meiner lausigen Käsesocke, das Wetter ist ja noch schlimmer als daheim«, knurrte Olchi-Opa. »Als ich vor 500 Jahren hier war, hat es herrlich geregnet.«
»Das war dann wohl in der Regenzeit«, meinte Grünspecht. »Die ist jedes Jahr von Februar bis Mai, aber jetzt haben wir leider August.«
»Hättest du uns doch gleich sagen können«, brummte Olchi-Opa missmutig.
Grünspecht lächelte listig. »Tja, dann wärt ihr aber sicher nicht mitgekommen, oder?«
Sie durchquerten eine weite Ebene und folgten der sandigen Holperstraße, bis endlich am Horizont die grünen Berge des Nationalparks vor ihnen auftauchten.
»Ich denke, wir sind bereits im Wildschutzgebiet«, sagte Grünspecht.
»Schleimiger Matschbeutel!«, rief das eine Olchi-Kind. »Da drüben stehen angemalte Pferde!«
Grünspecht lachte. »Das sind Steppenzebras! Die Streifen sind ihre Tarnung. Durch die Streifen sind ihre Umrisse für viele andere Tiere nicht mehr erkennbar.«
»Hätt ich auch gewusst«, brummelte Olchi-Opa. »Vor 500 Jahren hab ich jede Menge Streifenzebras eingefangen.«
»Und wer hat sie angemalt?«, fragte das andere Olchi-Kind.

»Sie sind von Natur aus so«, erklärte Grünspecht. »Einer anderen Theorie zufolge bildeten sich die Streifen zur Tarnung vor Tsetsefliegen. Das sind die Insekten, die die gefährliche Schlafkrankheit übertragen. Sie können mit ihren Facettenaugen die gestreiften Zebras nicht wahrnehmen.«
»Schleime-Schlamm und Käserich«, staunten die Olchi-Kinder. »Wir haben gedacht, du kennst dich nur mit Fischen aus!«
Ein paar Kilometer weiter trafen sie auf drei Giraffen, die mit ihrer langen Zunge Blätter von den Baumkronen der Akazien rissen. Sie griffen einen Zweig mit ihrer Zunge, zogen ihn ins Maul und streiften durch Zurückziehen des Kopfes die Blätter ab.
»Kenn ich schon«, brummte Olchi-Opa. »Solche Viecher hab ich schon mal im Zoo gesehen.«
»So ein langer Hals ist total unpraktisch, wenn man sich mal an der Nase kratzen muss«, sagte das eine Olchi-Kind.
»Jeden Tag nimmt eine Giraffe etwa 30 Kilo Nahrung auf«, erklärte ihnen Grünspecht, der jetzt ganz in seinem Element war. »Der Flüssigkeitsbedarf wird größtenteils aus der Nahrung gedeckt. Sie können wochenlang ohne zu trinken auskommen.«
»Na und? Ich kann auch wochenlang ohne Fahrradöl auskommen«, brummte Olchi-Opa.
Grünspecht zückte seinen Fotoapparat und knipste ein paar Bilder von den Giraffen.

»Gerda hat sich jahrelang mit diesen Tieren beschäftigt«, sagte er. »Sie werden bis zu sechs Meter hoch. Ihre langen Beine können aber nur auf festem Untergrund stehen. Sumpfige Gegenden sind nichts für sie.«
»Schade, Sumpf ist doch krötig«, meinte das andere Olchi-Kind. »Gut, dass wir keine Giraffen sind.«
»Ich denke, nun kann es nicht mehr weit sein bis zum Camp«, sagte Grünspecht und warf noch mal einen Blick auf die Karte.
Als die Abendsonne den Himmel bereits glutrot einzufärben begann, sahen sie endlich ein Hinweisschild: *Lion Safari Camp*.
Der Weg führte durch dichtes Buschwerk, und gerade als Olchi-Opa meinte: »Muffelfurzteufel, ich glaube, wir kommen nie irgendwo an«, hatten sie ihr Ziel erreicht.
»Ach du grüne Neune«, staunte Grünspecht. »So hatte ich mir das nicht vorgestellt.«
Das Camp machte einen ziemlich luxuriösen Eindruck. Es bestand aus acht kleinen Häusern, perfekt in den Busch integriert, mit hübschen Gärtchen und kleinen Terrassen vor der Tür. Alles wirkte sehr modern, und in der Mitte der Anlage lag ein gepflegter Swimmingpool. Ein dunkelhäutiger Mann in einem blitzsauberen weißen Anzug kam auf sie zu und begrüßte sie freundlich: »Willkommen im *Lion Safari Club*! Mein Name ist Batai. Ich sorge hier für das Wohl unserer Gäste.«

»Ich bin Gustav Grünspecht«, sagte Grünspecht »Und das hier sind meine Begleiter. Wir kommen aus Schmuddelfing.«
»Wir sind die Olchis!«, riefen die Olchis und nickten heftig mit dem Kopf.
Batai zuckte zusammen und trat instinktiv einen Schritt zurück, denn der olchige Geruch der kleinen Stinkerlinge war nicht gerade angenehm.
»Wunderbar!«, sagte er. »Wenn Sie mir bitte folgen wollen. Sie haben Glück, denn gerade heute ist ein Bungalow frei geworden.«
Er führte die Neuankömmlinge zu einem der Häuser und erklärte: »Das Haus hat zwei große Zimmer. Sie sind ausgestattet mit Pool, offenem Kamin, Klimaanlage, Ventilator, Minibar, Safe, Haartrockner, Heizdecke, Badezimmer mit Wanne, Außendusche, Shampoo und Seife ...«
»Sehr gut«, sagte Grünspecht erleichtert. »Ich hab nämlich leider vergessen, Seife mitzunehmen.«
Batai warf einen Seitenblick auf die Olchis. »Wunderbar! Sie können hier gern ein schönes Schaumbad nehmen.«
»Ach du grätiger Hühnerich«, murmelte Olchi-Opa erschrocken.
»Wir nehmen nur Müllbäder«, sagten die Olchi-Kinder. »Gibt es auch Müll hier?«
Batai lachte. »Wie schön! Ich sehe, Sie haben Humor. Bei uns erleben Sie echtes afrikanisches Busch-Feeling, ohne dabei auf Eleganz und Komfort verzichten zu müssen.

Was Tiere und Pflanzen betrifft, so haben wir hierfür einen Experten. Mister Wondertree kann Ihnen alles über unsere Natur und ihre Bewohner erzählen.«
»Das kann Gustav Grünspecht auch«, rief das eine Olchi-Kind. »Er ist nämlich Tierexperte!«
»Wunderbar!«, sagte Batai. »Wenn Sie wollen, können Sie geführte Buschwanderungen buchen und Wildbeobachtungsfahrten zu den Big Five.«
»Was ist denn ein Big Five?«, fragte Olchi-Opa.
»Die Big Five sind die ›großen Fünf‹: Elefant, Büffel, Nashorn, Löwe und Leopard«, erklärte ihm Grünspecht. »Sie sind die beliebtesten Tiere bei einer Safari.«

Batai war noch immer nicht fertig. »Auch eine Bar mit Getränken und ein Wäscheservice stehen für Sie bereit. Außerdem bieten wir Massagen an und Schönheitsbehandlungen …«

»Beim Käsefuß, so was brauchen wir nicht«, unterbrach ihn Olchi-Opa. »Wir sind schön genug.«

»Wir werden auch gar nicht lange bleiben«, fügte Grünspecht hinzu. »Ich will gleich morgen weiter zur Gorilla-Station. Kennen Sie zufällig Gerda Grünspecht?«

»Die suchen wir nämlich!«, riefen die Olchi-Kinder im Chor.

»Wunderbar!«, sagte Batai. »Frau Gerda Grünspecht war schon öfter bei uns. Sie ist hier in der Gegend sehr bekannt. Kümmert sich auf höchst löbliche Weise um die Berggorillas.«

»Wissen Sie denn, wo sie sich gerade aufhält?«, fragte Grünspecht.

»Das kann ich Ihnen leider nicht sagen«, meinte Batai.

»Wie ich befürchtet habe«, murmelte Grünspecht.

Ein großer Tierfreund

Grünspecht und die Olchis begutachteten ihre Unterkunft. Es gab zwei gleich große Zimmer in dem Bungalow, und die Olchis bekamen das mit dem Elefantenbild über dem Doppelbett. Sie fanden ihr Zimmer aber überhaupt nicht krötig. Viel zu sauber und ordentlich war hier alles, und auch das weiche, duftende Bett gefiel ihnen gar nicht. Sie wollten lieber in der Zimmerecke auf dem Holzfußboden liegen. Das fühlte sich wenigstens ein kleines bisschen so an, als lägen sie zu Hause in ihren Obstkisten. Aber zum Schlafen war es sowieso noch zu früh.
Stattdessen sahen sie Grünspecht dabei zu, wie er seinen Rucksack auspackte und sich nach dem Duschen mit Mückenspray einsprühte.
»Was für ein schöner Abend«, sagte er zu den Olchis. »Schaut euch mal den herrlichen Himmel an. So was gibt es nicht in Schmuddelfing.«
Tatsächlich war der wolkenlose Himmel von einem solch strahlenden Rot und leuchtenden Gelb, wie sie es noch nie gesehen hatten.
»Grauer Himmel wär mir lieber«, brummte Olchi-Opa. »Wenn es grau ist, dann regnet es nämlich.«

»Euch ist wirklich nicht zu helfen«, seufzte Grünspecht. »Kommt ihr mit mir an die Bar? Ich freu mich auf ein schönes dickes Schnitzel.«
»Wir wollen auch ein Schnitzel!«, riefen die Olchi-Kinder. »Ein schön vergammeltes Schuhsohlen-Schnitzel mit Schlammsößchen!«
»Tja, ich fürchte, Schuhsohlen werden hier nicht serviert«, sagte Grünspecht.
»Ranziger Läuserich«, sagten die Olchi-Kinder enttäuscht. »Gibt es hier wenigstens irgendwo ein Fitzelchen Müll für uns?«
»Ja, du hast uns versprochen, dass es in Afrika jede Menge Müll gibt«, brummte Olchi-Opa.
»Hab ich das?« Grünspecht zupfte verlegen an seinem Ziegenbärtchen. »Könnt ihr nicht einfach mal was Normales essen? So ausnahmsweise?«
»Können wir nicht!«, riefen die Olchis im Chor und schüttelten den Kopf.
»Vielleicht Blätter? Äste? Baumrinde?«, versuchte es Grünspecht noch einmal.
»Nur zur Not geht das«, brummte Olchi-Opa. »Also gut, Stinkerlinge. Dann wollen wir mal sehen, ob wir irgendwo was Essbares auftreiben können.«
Er lief mit den Olchi-Kindern los, um hinter dem Haus versuchsweise ein wenig an den Dschungelpflanzen zu knabbern.
»Guten Appetit!«, rief ihnen Grünspecht nach und

schlenderte hinüber zur Bar, wo bereits ein paar durstige Touristen auf Bambushockern saßen.
Ein dicklicher Mann mit roten Strubbelhaaren hob sein Bierglas und prostete ihm zu. Seine Nase und die rosige Stirn waren von der Sonne verbrannt, und in seinem Mund blitzten makellos weiße Zähne und ein Goldzahn. Er trug eine dicke goldene Uhr, und vor ihm auf dem Tresen lag ein flacher Alu-Koffer.
»Na? Gerade angekommen?«, fragte der Mann. »Willkommen im Camp! Mein Name ist Trash. Torsten Trash.«
Er sieht aus wie ein Riesenbaby, dachte Grünspecht, als er sich neben ihn auf den freien Platz setzte.
Das große Baby war sehr redselig und verwickelte Grünspecht gleich in ein Gespräch.
»Bin ein großer Tierfreund, müssen Sie wissen«, erklärte Mister Trash. »Ein ganzes Rudel Löwen hab ich heute Morgen fotografiert. Äußerst beeindruckende Tiere! Nur Elefanten, Nashörner und Tiger lassen noch auf sich warten. Aber morgen will ich mein Glück noch einmal versuchen.«
»Tiger?«, fragte Grünspecht verwundert. »Die gibt es doch nur in Indien.«
»Äh, Sie kennen sich aus?« Mister Trash lachte verlegen. »Nun ja, ich meinte natürlich Büffel! Ist ja auch meine erste Fotosafari hier. Und Sie? Was treibt Sie hierher in den Busch?«
Grünspecht bestellte sich ein Bier und etwas zu essen.

Dann erzählte er Mister Trash von Gerda. Dass sie sich hier in der Gegend für die Berggorillas einsetzte und nun leider seit einer Weile verschwunden war.
»Berggorillas!«, rief Mister Trash. »Wie spannend! Für diese Tiere interessiere ich mich ganz besonders! Sie sollen ja fast ausgestorben sein, hab ich gehört. Was wissen Sie denn über diese Spezies?«
»Eine ganze Menge«, sagte Grünspecht und erzählte ihm alles, was er über Gerdas Forschungsarbeit wusste.
»Wie aufregend«, sagte Mister Trash. »Na, dann hoffe ich, dass wir Ihre Frau bald finden werden.«
Grünspecht seufzte. »Das hoffe ich auch. Ich mache mir die größten Sorgen um sie.«
Mister Trash klopfte Grünspecht auf die Schulter.
»Verständlich, mein Lieber. Wenn Sie Hilfe brauchen, wenden Sie sich gerne an mich. Stehe jederzeit zu Ihrer Verfügung.«
»Danke, wirklich sehr freundlich. Aber ich habe drei kräftige Begleiter dabei.«
»Ach ja?« Mister Trash schaute sich neugierig um. »Wo sind die denn?«
»Momentan sind sie im Busch, um sich ein wenig zu stärken.«
»Wie? Sie stärken sich im Busch?«
»Ja, es sind Olchis. Haben Sie schon von ihnen gehört? Sie kommen auch aus Schmuddelfing«, erklärte Grünspecht.

»Olchis? Echte grüne Olchis?« Mister Trash war überrascht. »Ja, von denen hab ich schon gehört. Diese Grünlinge sind ja selber eine kleine Sehenswürdigkeit. Ach, na sieh mal einer an … da kommen sie schon!«
Sie sahen Olchi-Opa und die beiden Olchi-Kinder drüben zwischen den Bungalows auftauchen.
»Wir haben was total Krötiges gefunden!«, rief Olchi-Opa schon von Weitem. Die drei kamen herbeigelaufen, und die Olchi-Kinder legten ein paar stachelige, kokosnussgroße Früchte auf den Tresen.
»Meine Güte, tut diese Dinger weg!«, rief Mister Trash erschrocken. »Die stinken ja wie fauliges Fleisch!«

»Schmecken aber gut«, meinte Olchi-Opa.
Interessiert blickte Grünspecht über den Rand seiner Brille auf die olchigen Mitbringsel.
»Das sind die sogenannten Stinkfrüchte«, erklärte er. »Sie stammen vom Durianbaum. Leider sind sie ein bisschen überreif, würde ich sagen. Dann stinken sie besonders schlimm.« Angeekelt rümpfte er die Nase.
»Da drüben wachsen noch ganz viele«, sagte das eine Olchi-Kind und zeigte in den Dschungel.
Das andere Olchi-Kind nahm eine der Durians und biss so kräftig hinein, dass es krachte.
»Ach du meine Güte«, murmelte Mister Trash, und auch die anderen Touristen an der Bar schauten jetzt irritiert herüber.
»Wie eklig ist das denn!«, rief eine Frau mit rosaroter Sonnenbrille und hielt sich die Nase zu.
»Na dann, guten Appetit«, sagte ein Mann in einem bunten Hawaiihemd lachend.
In diesem Moment kamen drei Männer und zwei Frauen über den Hof. Sie schienen sehr aufgeregt, redeten alle durcheinander, und man sah sofort, dass irgendetwas passiert sein musste. Einer der Männer war Batai.
»Was ist denn passiert?«, fragte Mister Trash neugierig.
»Schon wieder ein toter Elefant!«, rief Batai. Er und Mister Wondertree kamen an die Bar.
Mister Wondertree war der Chef des Camps. Er erzählte den erschrockenen Touristen, dass nicht weit von hier

der Kadaver eines Elefantenbullen entdeckt worden war. Elfenbeinjäger hatten ihn erlegt und ihm die Stoßzähne abgesägt.
»Wilderer sind hier ein großes Problem«, erklärte Mister Wondertree. »Wir kämpfen seit Langem gegen die Wilderei, aber immer wieder kommt es zu solchen Vorfällen. Die verdammten Elfenbeinjäger haben es auf die Stoßzähne der Elefanten abgesehen. Ist wohl ein gutes Geschäft für sie.«
»Auch bei den Nashörnern kommt es zu blutigen Massakern«, sagte Batai. »Man sägt ihnen die Hörner ab. Besonders in Asien sind sie sehr begehrt, und die Schmuggler bekommen hohe Summen dafür. Man glaubt dort, dass Nashorn-Mehl eine Art Wundermittel ist. Zweitausend Euro kostet so ein Kilo Horn!«
»Drei Nashörner und fünf Elefanten hat man im letzten Monat abgeschossen«, sagte Mister Wondertree.
»Ach du grätiger Muffelfurz«, knurrte Olchi-Opa. »Wieso kann man diesen windigen Burschen nicht einfach das Handwerk legen?«
»Es ist nicht leicht, sie aufzuspüren«, meinte Mister Wondertree. »Und sie haben üble Tricks. Manchmal vergiften sie sogar die Geier.«
»Sie vergiften Geier?« Die Olchi-Kinder schauten ihn verwundert an. »Warum tun sie denn so was?«
»Geier sind Aasfresser und ernähren sich von toten Tieren«, erklärte Mister Wondertree. »Und kreisende Geier

verraten die Stelle, wo so ein Kadaver liegt. Durch kreisende Geier können die Tierschützer auf getötete Tiere aufmerksam werden. Und das wollen die Wilderer unbedingt verhindern.«
»Aber wie kann man einen Geier vergiften?«, fragte Grünspecht, denn davon hatte selbst er noch nie gehört.
»Indem man zum Beispiel Giraffenkadaver vergiftet«, sagte Mister Wondertree. »Die Geier fressen die vergiftete Giraffe und sterben daran.«
»Ach du schlapper Schlammlappen!« Olchi-Opa schüttelte entsetzt den Kopf.
»Viele Tiere sind hier vom Aussterben bedroht«, seufzte Batai. »Nicht nur die Elefanten und Nashörner. Auch Flusspferde und Berggorillas. Von ihnen gibt es nur noch ein paar Hundert da oben in den Bergen.«
»Ich weiß«, sagte Grünspecht. »Meine Frau hat mir erzählt, es seien nur noch 400 Stück.«
»Traurig, aber wahr«, sagte Mister Wondertree. »Diese Berggorillas sind als Jagdtrophäen und als Reisesouvenirs sehr begehrt. Lebende Tiere landen auch in den Privatzoos der Reichen, und manche sogar im Kochtopf.«
»Im Kochtopf?«, fragte das eine Olchi-Kind. »Schmecken die denn gut?«
»Kannst dir ja mal so ein Affenkotelett im Restaurant bestellen«, kicherte Mister Trash.
Mister Wondertree und Batai warfen ihm einen scharfen

Blick zu, und Mister Trash murmelte verlegen: »'tschuldigung, sollte ein Späßchen sein …«
»Sehr witzig«, sagte Grünspecht.
»Tja, wie gesagt, wir haben hier einige Probleme«, meinte Mister Wondertree. »Und leider sind die Tiere nicht nur durch die Wilderer bedroht. Auch eine Ölfirma namens *Happy Oil* will sich hier breitmachen.«
»Happy Oil?«, fragte Mister Trash.
»Man will im Nationalpark nach Erdöl bohren und Pipelines verlegen«, sagte Mister Wondertree.
»Was sind denn Peip-Leins?«, fragte das eine Olchi-Kind.
»Das sind dicke Röhren aus Stahl, Hunderte Kilometer lang«, erklärte Mister Wondertree. »In ihnen kann man

das Erdöl über große Entfernungen transportieren. Aber die Dinger brauchen eine Menge Platz.«

»Öl find ich krötig«, murmelte Olchi-Opa. »Am liebsten mag ich Fahrradöl zum Frühstück.«

»Hier geht es aber nicht nur um ein paar Fläschchen, sondern um riesige Mengen«, sagte Mister Wondertree. »Es wird zu Kahlschlag im Dschungel kommen, was eine Katastrophe wäre.«

»Na, so was!« Mister Trash nahm einen großen Schluck Bier. »Was gibt es doch für böse Menschen auf dieser Welt …«

Batai fügte hinzu: »Durch *Happy Oil* befürchtet man schlimme Umweltverschmutzungen. Zwangsläufig wird es zu Lecks in den Pipelines kommen, und Öl wird auslaufen. Die Pflanzen- und Tierwelt wird so zerstört.«

»Na ja«, brummte Mister Trash, »übertreiben Sie da nicht ein bisschen? So ein Nationalpark ist doch riesengroß. Da kann man sicher ein bisschen herumbohren, ohne dass gleich die Welt untergeht …«

»Was heißt herumbohren? Es geht hier um eiskalte Geschäftemacherei!«, rief Mister Wondertree empört. »*Happy Oil* ist ein internationaler Großkonzern. Solchen Leuten ist der Tierschutz doch schnurzegal!«

»Furzegal«, verbesserte ihn Olchi-Opa.

»Davon hat mir meine Frau auch schon erzählt«, meinte Grünspecht. »Auch sie kämpft ja seit Langem gegen *Happy Oil*. Sie hat bereits einige Briefe an die Regierung geschrieben und immer wieder auf die Bedrohung der Berggorillas hingewiesen.«

»Ja, jeder hier kennt Gerda Grünspecht. Sie ist sehr engagiert«, sagte Mister Wondertree. »Ihr Kampf gegen die Ölfirma hat nicht nur die Bevölkerung alarmiert, sondern auch die Regierung. Aber *Happy Oil* ist ihr Einsatz für die bedrohten Gorillas ein Dorn im Auge. Sie sehen das gar nicht gern. Batai hat mir vorhin erzählt, dass Gerda Grünspecht verschwunden ist. Das gibt großen Anlass zur Sorge ...«

»Ach du meine Güte«, sagte Grünspecht. »Sie meinen, diese Ölfirma könnte etwas mit Gerdas Verschwinden zu tun haben? Könnte es sein, dass es sich um eine Entführung handelt? Oder um etwas noch Schlimmeres?«

»Das weiß ich nicht«, sagte Mister Wondertree. »Ich wollte Ihnen keine Angst machen. Vielleicht ist ja alles ganz harmlos und klärt sich bald auf.«

»Wie auch immer«, sagte Mister Trash und gähnte. »Ich denke, wir werden Ihre Gerda schon noch finden. Ich meinerseits möchte mich nun gern verabschieden.« Anscheinend hatte er plötzlich einen Anfall von Müdigkeit. »Morgen wartet eine muntere Tigersafari auf mich, äh, ich meine natürlich eine Büffelsafari. Ich darf mich empfehlen und wünsche allseits eine gute Nacht.«

Er nahm seinen kleinen Alu-Koffer vom Tresen, klemmte ihn sich unter den Arm und ging leicht schwankend davon.

Grünspecht und die Olchis blieben noch. Sie redeten mit Mister Wondertree und Batai noch eine ganze Weile über den getöteten Elefanten und die gefürchteten Wilderer, und auch die anderen Touristen an der Bar diskutierten jetzt lebhaft mit.
Erneut kam die Sprache auf Gerdas Verschwinden, und Mister Wondertree schlug Grünspecht vor, im Dschungel an der Gorilla-Station nach ihr zu fragen. Aber das hatte Grünspecht sowieso geplant. Gleich morgen, wenn er richtig ausgeschlafen hatte, wollte er dorthin aufbrechen. Schließlich verabschiedete auch er sich, um endlich ins Bett zu gehen, denn die lange Reise und die Autofahrt steckten ihm ziemlich in den Knochen.

Vor dem Bungalow fiel sein Blick auf ein Schild, auf dem stand:

**Buchen Sie eine unserer beliebten Elefantensafaris!
Beobachten Sie die Elefanten beim Baden im Wasserloch aus nächster Nähe. Begleiten Sie die Tierpfleger bei der Versorgung der Tiere.
Es wird sehr viel Wert gelegt auf einen harmonischen und respektvollen Umgang zwischen Mensch und Tier.**

»Respektvoller Umgang … Schön, wenn das immer so wäre«, murmelte Grünspecht.
Ein lästiger Nachtfalter hielt seine Nasenspitze anscheinend für einen geeigneten Landeplatz. Mit einer unwirschen Handbewegung verscheuchte Grünspecht ihn, bevor er im Bungalow verschwand.

Auf der Lauer

Die Olchis hatten noch immer keine Lust, ins Bett zu gehen, denn die Geschichte von den Wilderern ging ihnen nicht aus dem Kopf.
»Muffelfurzteufel, ich schlage vor, wir legen uns ein wenig auf die Lauer«, sagte der Olchi-Opa zu den Olchi-Kindern. »Wenn heute Nacht noch einmal so ein Elefantentöter kommt, dann werden wir ihm seine Ohren lang ziehen!«
Die Olchi-Kinder fanden die Idee sehr krötig.
»Am besten, wir nehmen den Jeep und fahren ein Stück in den Busch hinein«, schlug Olchi-Opa vor.
»Seit wann kannst du denn Auto fahren?«, wunderten sich die Olchi-Kinder.
»Wieso denn nicht?«, brummte Olchi-Opa. »Vor 600 Jahren war ich Taxifahrer in Australien. Ich fuhr damals ein Holztaxi! Durch ein Loch im Boden musste ich es mit den Füßen vorwärtsbewegen, denn Benzin war damals ja noch unbekannt.«
Der Jeep stand draußen vor dem Camp, und sie kletterten hinein. Olchi-Opa setzte sich ans Steuer. Er trat ein

paarmal kräftig aufs Gaspedal, so wie er es bei Grünspecht gesehen hatte.
»Beim Käserich, wieso fährt das Ding nicht los?«, knurrte er.
»Du hast den Zündschlüssel vergessen«, erklärte ihm das eine Olchi-Kind.
»Ich kann ihn holen«, meinte das andere Olchi-Kind. »Er ist in Grünspechts Tasche!«
Das Olchi-Kind rannte zurück zum Bungalow, wo der Tierforscher bereits schnarchend in seinem Bett lag. Das Olchi-Kind ging auf Zehenspitzen zu Grünspechts Tasche, fischte den Autoschlüssel heraus und sauste damit zurück zum Jeep.
»Gut gemacht, Stinkerich«, kicherte Olchi-Opa und startete den Wagen. Wie ein Springbock machte der Jeep einen Satz nach vorne und wäre um ein Haar gegen einen Baum geknallt. Doch Olchi-Opa hatte das Gefährt schon wieder im Griff. Ganz vorsichtig kutschierte er es jetzt den schmalen Feldweg entlang.
Es ging eine Weile an dichtem Buschwerk vorbei und dann kreuz und quer durch staubiges Gelände. An einer Wasserstelle sahen sie eine Herde Antilopen, die hier ihren abendlichen Durst stillten.
»Grätig!«, meinte Olchi-Opa. »Der Tümpel ist eine gute Stelle. Hier warten wir.«
Er versteckte den Jeep hinter dem Gebüsch und schaltete den Motor aus.

»Was tun wir denn, wenn ein Wilderer kommt?«, fragte das eine Olchi-Kind.
»Lausiger Schlammbeutel, wir überrumpeln ihn ganz einfach«, meinte Olchi-Opa. »Und dann bringen wir ihn zu Mister Wondertree ins Camp.«
Die Olchis machten es sich in ihrem Geländewagen, so gut es ging, bequem. Ihre starken Olchi-Augen konnten auch im Dunkel der Nacht alles erkennen, und so guckten sie gespannt hinüber zum Tümpel und warteten. Hin und wieder pupsten sie kräftig und vertrieben sich die Zeit, indem sie lästige Moskitos angähnten, bis sie tot auf die Autositze fielen.
Die Zeit verging, aber alles blieb still und friedlich.
Na ja, natürlich war es nicht wirklich still, denn die afrikanische Nacht war voll unbekannter Geräusche. Ein großer Vogel flatterte keckernd aus dem Gebüsch, unsichtbare Grillen zirpten, so laut sie konnten, und oben in den Bäumen machte irgendein Tier pausenlos kräk!, kräk!, kräk!.
Den Olchi-Kindern war das nicht geheuer. Aus der Ferne kam ein unheimliches Jaulen und Heulen, und sie rückten erschrocken ein Stück näher zusammen.
»Keine Angst, Stinkerlinge«, sagte Olchi-Opa. »Ich hab alles im Griff! Und hört nur, wie schön die Kröten quaken. Klingt das nicht fast so wie zu Hause auf unserem Müllberg?«
Irgendwann kamen zwei durstige Büffel angetrabt. Einer

von ihnen ließ sich ins Wasser plumpsen und nahm ein kurzes Vollbad. Auch ein paar langbeinige Reiher staksten nun im seichten Wasser am Ufer herum, doch von Wilderern war weit und breit nichts zu sehen.
»Ich will wieder zurückfahren«, seufzte das eine Olchi-Kind, und das andere Olchi-Kind gähnte so kräftig, dass sieben Moskitos auf einmal abstürzten.
Plötzlich hörten sie hinter sich ein verdächtiges Geräusch. Erschrocken drehten sie sich um.
»Ach du käsiger …«, stammelte das eine Olchi-Kind.
Vor ihnen stand ein riesengroßer Elefant. Er hatte lange weiße Stoßzähne, und seine Ohren standen vom Kopf ab wie zwei Segel.
»Heiliger Müllsack«, flüsterte Olchi-Opa beeindruckt. »Der ist ja noch größer als unser Drache Feuerstuhl!«
Der Elefant begann mit seinem Rüssel trockenen Staub vom Boden zu fischen und schleuderte ihn hoch in die Luft. Anscheinend machte es ihm Spaß, sich so richtig einzustauben.
»Beim wanzigen Läuserich«, murmelte Olchi-Opa. »Seht nur, er verschmutzt sich. Er nimmt eine Staubdusche. Er ist genauso olchig wie wir.«
Jetzt hatten die Olchi-Kinder keine Angst mehr vor dem riesigen Dickhäuter.
Sie hüpften beide gleichzeitig aus dem Jeep, und mit einem Satz waren sie oben auf dem breiten Rücken des Elefanten. Als er die nächste Ladung in die Luft warf,

regnete es Sand und Erde auf sie herab, und sie breiteten vergnügt die Arme aus.
»So ein Tier wollen wir auch auf unserem Müllberg haben!«, riefen sie Olchi-Opa zu. »Er darf uns dann immer staubduschen! Und Feuerstuhl kann mit ihm spielen!«
Olchi-Opa schüttelte bedauernd den Kopf. »Den können wir schlecht mitnehmen. Er passt nicht in den Koffer.«
Der Elefant beachtete die kleinen Olchis gar nicht weiter. Als er genug staubgeduscht hatte, stapfte er ganz nah an Olchi-Opas Jeep vorbei, und die Olchi-Kinder ließen sich von seinem Rücken rutschen wie von einer Rutschbahn und plumpsten zurück in die Autositze. Beeindruckt schauten sie zu, wie der Elefant hinüber zum Tümpel

lief, wo er den Rüssel ins Wasser tauchte und anfing zu trinken.
Als er seinen Durst gestillt hatte, spritzte er eine Wasserfontäne in die Luft, wackelte ein paarmal mit seinen Segelohren und trabte gemächlich davon.
»Elefanten sind krötig. Gut, dass ihn kein Wilderer gesehen hat«, meinten die Olchi-Kinder.
Sie hatten jetzt keine Lust, noch länger zu warten, und wollten endlich zurück ins Camp. Olchi-Opa war einverstanden.
In der Dunkelheit den Rückweg zu finden, war gar nicht so einfach, doch Olchi-Opa hatte einen guten Instinkt, und nach einer knappen halben Stunde erreichten sie das Camp.
Sie parkten den Jeep wieder am Eingang und liefen zu ihrem Bungalow.
Bis auf die Lampe drüben an der Bar war es jetzt stockdunkel im Camp. Anscheinend schliefen alle anderen Gäste schon. Im Vorübergehen warf Olchi-Opa einen neugierigen Blick durch das Schlafzimmerfenster von Mister Trash.
»Komm schon, Opa«, drängelten die Olchi-Kinder.
»Psst, Stinkerlinge!«, zischte Olchi-Opa und riss seine Glupschaugen noch ein bisschen weiter auf.
Mister Trash lag in seinem Bett und schlief. Doch irgendetwas war merkwürdig. Jetzt konnte er es erkennen. Es war der kleine Alu-Koffer. Den hatte Mister Trash mit

einem kräftigen Bügelschloss am Bettpfosten angeschlossen.
»Was da wohl Wertvolles drin ist?«, murmelte Olchi-Opa verwundert.
Dann fiel sein Blick auf das Nachtkästchen, auf dem ein silberner Revolver lag.
»Morsche Rostbeule«, sagte Olchi-Opa erschrocken. Er winkte die Olchi-Kinder herbei, die nun auch mit großen Augen durch das Fenster spähten.
»Dieser Mister Trash ist nicht ganz sauber, so viel ist sicher«, sagte das eine Olchi-Kind. »Wen will er denn damit erschießen? Moskitos vielleicht?«

Die Suche beginnt

Die Olchis verbrachten die Nacht in ihrer Zimmerecke auf dem Fußboden und schnarchten so laut, dass Gustav Grünspecht nebenan die halbe Nacht kein Auge zumachte. Als die Morgensonne ihre ersten Strahlen durch das Fenster schickte, wachten sie gut gelaunt und hungrig auf und stürzten sich sofort auf die stinkigen Durians, die sie noch vom Vortag übrig hatten.
Ohne anzuklopfen, kam Gustav Grünspecht ins Zimmer. Er sah müde und zerknittert aus. Nicht nur die Schnarcherei der Olchis hatte ihn wach gehalten, er hatte auch die ganze Zeit an seine Gerda denken müssen. Im Halbschlaf hatte er sich vorgestellt, was ihr alles Schreckliches zugestoßen sein könnte, und nun fühlte er sich wie gerädert.
»Guten Morgen, alles klar bei euch?«, begrüßte er die Olchis. »Mein Gott, was ist das hier bloß für ein Gestank?«
Er blickte auf die Reste der Durians, dann ging er mit schnellen Schritten durchs Zimmer und riss das Fenster auf. »Alles krötig hier«, antworteten die Olchi-Kinder mit vollem Mund. »Willst du auch ein paar Durians?«
Grünspecht hielt die Nase aus dem Fenster und schüttel-

te heftig den Kopf. »Kaffee wäre jetzt gut. Der wird mich aufwecken.«

Olchi-Opa stellte sich neben ihn und sagte: »Grünspecht, hör mal, wir haben heute Nacht etwas Komisches gesehen. Dieser Mister Trash hat seinen Koffer am Bett angekettet! Und auf dem Nachttisch hat er eine Schießpistole liegen!«

»Na, so was«, sagte Grünspecht. »Dann scheint er ja ein ziemlich ängstlicher Mensch zu sein. Aber das ist seine Sache und geht uns nichts an. Ich brauche jetzt wirklich einen starken Kaffee.«

»Wir bleiben hier«, sagte Olchi-Opa. »Wir mögen keinen Kaffee.«

Grünspecht ging hinüber zur Bar, wo allen Gästen ein üppiges Frühstück serviert wurde. Mister Trash saß bereits allein an einem Tisch und tauchte ein Schokohörnchen in eine Tasse Milchkaffee. Den Alu-Koffer hatte er wieder neben sich stehen.

»Na? Gut geschlafen?«, fragte er, und Grünspecht setzte sich neben ihn.

»Ging so. Die Olchis schnarchen leider wie die Weltmeister.«

Mister Trash grinste.

»Und heute wollen Sie also in den Dschungel zu dieser … wie sagt man? Waisenstation?«

»Richtig«, sagte Grünspecht. »Waisenstation für Berggorillas. Dort arbeitet Gerda. Die Station liegt leider mitten im Dschungel, und es wird nicht leicht sein, dort hinzukommen.«

»Hätte da einen Vorschlag.« Mister Trash stellte seine Kaffeetasse ab. »Ich werde Sie begleiten!«

»Ach? Sie wollen mit uns in den Dschungel gehen?«

»Ich möchte Ihnen bei der Suche nach Ihrer Frau sehr gern behilflich sein. Für mich wäre es ein Abenteuer, das mir großen Spaß machen würde.«

Grünspecht überlegte eine Weile. Er dachte an die Pistole, die die Olchis gesehen hatten. Aber Trash schien ein netter Kerl zu sein. »Einverstanden«, sagte er. »Vielleicht gar keine schlechte Idee. Ich freue mich, wenn Sie mit uns kommen!«

Eine Stunde später waren die Olchis, Gustav Grünspecht und Mister Trash auf dem Weg in den Dschungel.

Die Olchis hockten auf dem Rücksitz, was sicher das Beste war, denn so blies der Fahrtwind ihren Müffelgestank ganz gut nach hinten weg. Mister Trash saß vorne neben Grünspecht. Er hatte seine nagelneue Reisetasche hinten im Jeep verstaut, aber der Alu-Koffer lag auf seinen Knien.

»Was haben Sie denn da drin?«, fragte Grünspecht neugierig und deutete auf den Koffer. »Eine Fotoausrüstung?«

»Nein, nur ein paar persönliche Dinge«, murmelte Mister Trash, ohne weiter darauf einzugehen.

Den Weg zur Gorilla-Station hatte ihnen Mister Wondertree so gut es ging beschrieben. Er hatte ihnen außerdem eine hingekritzelte Lageskizze mitgegeben, an der sich Grünspecht erst mal gut orientieren konnte. Auch der Kompass von Professor Brausewein war jetzt ausgesprochen nützlich.

»Wir müssen uns immer Richtung Südwesten halten«, sagte Grünspecht. Er wirkte angespannt und preschte ungeduldig und mit größtmöglicher Geschwindigkeit einen unwegsamen Holperweg entlang.

»Nicht so schnell«, warnte Mister Trash. »Wir wollen doch bitte lebendig ankommen!«

Der Jeep bahnte sich jetzt den Weg durch hohes Gras, und Grünspecht musste notgedrungen langsamer fahren. Ein großer blauer Schmetterling ließ sich für einen kurzen Moment auf dem Lenkrad nieder. Grünspecht huschte ein Lächeln übers Gesicht.

»Oh, ein Blauer Morphofalter!«, rief er. »Erstaunlich! Normalerweise trifft man die doch nur in Südamerika!«

Bald quälte sich der Jeep nur noch im Schritttempo an exotischen Pflanzen und hohen Palmen vorbei einen steilen Hügel hinauf. Ein kleiner Wasserfall glitzerte im Sonnenlicht, und rechts unter ihnen lag ein wunderschönes grünes Tal.

»Was ist denn das da drüben?«, rief Olchi-Opa mit einem Mal. »Sieht aus wie eine Riesengiraffe aus Eisen!« Er deutete auf ein kranartiges Metallgestell, das mitten in

der paradiesischen Landschaft stand. Ringsum war eine Menge Wald abgeholzt.
Grünspecht hielt an und nahm sein Fernglas aus der Tasche. »Es ist ein Bohrturm!«, sagte er. »Ach du meine Güte! Sicher von dieser *Happy-Oil*-Firma!«
»Lassen Sie mal sehen!« Mister Trash nahm Grünspecht das Fernglas aus der Hand. »Sieht doch eigentlich ganz harmlos aus, das kleine Türmchen. Soll ja jede Menge feines Öl hier in der Gegend geben. Wär doch schade, wenn man es nicht zutage förderte.«

»Was reden Sie denn da?«, fragte Grünspecht.
»Gibt's da vielleicht auch Fahrradöl?«, fragte Olchi-Opa hoffnungsvoll. »Können wir mal hinfahren?«
»Hier geht es um Erdöl!«, rief Grünspecht und schaute Mister Trash verärgert an. »Wieso sagen Sie ›kleines Türmchen‹? Was heißt hier ›feines Öl‹? Sie haben doch gehört, was das für die Gegend hier bedeutet, oder? Umweltverschmutzung! Zerstörung von Lebensraum!« Er startete den Motor und trat so kräftig auf das Gaspedal, dass die Räder durchdrehten. »Hab gar nicht gewusst, dass die mit der Bohrerei schon angefangen haben. Gerda hat sicher recht. Diese *Happy-Oil*-Leute werden hier noch Schlimmes anrichten.«
»Na ja, ich denke, das sind sicher nur kleine Probebohrungen«, versuchte ihn Mister Trash zu beruhigen. »Das ist doch eigentlich ganz in Ordnung.«
»In Ordnung?«, knurrte Grünspecht. »Sie haben doch gesehen, wie weit der Wald bereits abgeholzt ist. Das hier ist nur der Anfang. Der Anfang vom Ende. Und auch das Ende für die Berggorillas und all die anderen Tiere!«
»Nun übertreiben Sie mal nicht«, sagte Mister Trash und wischte sich mit einem Taschentuch den Schweiß von der Stirn.
»Ach, Sie haben ja keine Ahnung«, brummte Grünspecht. Doch da irrte er sich. Mister Trash hatte mehr Ahnung, als ihm lieb sein konnte.

Mister Trash zückt die Waffe

Die Olchis waren heute trotz des lästigen sonnigen Wetters erstaunlich guter Laune.

»Fliegenschiss und Olchi-Furz, das Leben ist doch viel zu kurz! Wir lieben Schlick und Schlamm und Schleim und fangen alle Wilderer ein!« Laut grölten sie ihr olchiges Lied, und Mister Trash sagte stirnrunzelnd:

»Ihr habt ja wirklich kräftige Stimmen. Da können wir uns ein Autoradio sparen!«

Immer wieder wischte er sich jetzt mit seinem Taschentuch Schweiß von der Stirn, denn die Vormittagssonne kannte kein Erbarmen. Auch Grünspecht glühte. Der leichte Tropenhelm schützte ihn zum Glück einigermaßen vor der Sonne, und sein Gesicht hatte er mit Brauseweins Spezialsonnenmilch eingecremt. Dabei hatte er festgestellt, dass sie tatsächlich ganz gut schmeckte. Irgendwie erfrischend nach Himbeere, was jetzt hier in der Hitze sehr wohltuend war. Auch die Olchis trugen ihre kleinen Tropenhelme, die Grünspecht vor der Reise extra noch für sie besorgt hatte. Aber sie schwitzten kein bisschen, denn ihre olchige Tintenfischhaut konnte gar keinen Schweiß erzeugen.

»Was für ein Backofen«, grummelte Mister Trash. »Auf der Motorhaube könnten wir Spiegeleier braten.«
»Und Schuhsohlen!«, riefen die Olchi-Kinder begeistert. Allein bei dem Gedanken an gebratene Schuhsohlen lief ihnen schon das Wasser im Mund zusammen.
»Schuhsohlen könnt ihr vergessen«, meinte Olchi-Opa. »Sieht aus, als müssten wir uns hier die ganze Zeit nur von diesen Durians ernähren.«
Grünspecht hielt den Wagen an. »Schlage vor, wir machen mal eine kleine Rast«, sagte er.
»Gute Idee«, meinte Mister Trash. »Ich muss sowieso mal pinkeln.«
Ächzend stieg er aus dem Auto, dehnte seine steif gewordenen Glieder und verschwand neben einer Palme im Gesträuch.
Er war noch keine Minute weg, da hörte man plötzlich einen entsetzten Aufschrei.
»Mister Trash?«, rief Grünspecht erschrocken. »Ist etwas passiert?«
Er bekam keine Antwort. Stattdessen vernahm man ein tierisches Grunzen, und einen Augenblick später brach ein dickes graues Schwein aus dem Gebüsch. An seinem erstaunlich großen Kopf waren dicke Warzen, aus dem Maul ragten zwei lange, gekrümmte Hauer, und die borstige Rückenmähne war hoch aufgerichtet. Es rannte, so schnell es konnte, ein Stück den Hügel hoch, blieb dann stehen und blickte sich schnaubend nach Mister Trash um.

Der war inzwischen aus dem Gebüsch gekommen, stand mit hochrotem Kopf da, und zum Entsetzen aller hatte er seinen Revolver gezückt.
»Was tun Sie denn da?«, rief Grünspecht.
Mister Trash zielte auf das Tier. Schon knallte ein Schuss. Grünspecht duckte sich instinktiv, und die Olchis hielten sich erschrocken die Hörhörner zu. Zum Glück war Mister Trash ein schlechter Schütze. Das Tier stand nach wie vor unbeweglich da.
Grünspecht sagte fassungslos: »Was soll denn das? Tun Sie Ihre Waffe weg!« Doch Mister Trash dachte gar nicht daran.
»Da, da!«, stieß er mit verzerrtem Gesicht aus, und noch immer war sein Revolver auf das Tier gerichtet.
»Lassen Sie diesen Quatsch«, rief Grünspecht verärgert. »Das ist doch nur ein Warzenschwein! Es ist völlig harmlos!«
»So sieht es nicht gerade aus«, knurrte Mister Trash.
»Es tut Ihnen nichts!«, rief Grünspecht. »Es ernährt sich von Wurzeln, von Knollen, Beeren und Baumrinde. Und nur sehr gelegentlich von Leuten, die mit Revolvern herumballern.«
»Kann ich doch nicht wissen«, knurrte Mister Trash und steckte seine Waffe mit zitternden Händen endlich wieder ein.
»Na, Sie sind mir ja ein schöner Tierfreund«, sagte Grünspecht.

Die Olchis fanden das struppige Warzenschwein sehr krötig.
»Schleimiger Käsefuß«, meinten die Olchi-Kinder. »Vielleicht können wir das ja mitnehmen? Es könnte zu Hause mit Feuerstühlchen spielen!«
»Den Elefanten wollten sie auch schon haben«, sagte Olchi-Opa. »Na ja, so sind Kinder eben.«
Die Olchi-Kinder waren losgerannt, um das olchige Schwein ein bisschen zu streicheln. Doch sie waren zu langsam, denn das Tier hatte bereits die Flucht ergriffen und war im Gebüsch verschwunden.
»Vor 200 Jahren hab ich jede Menge warzige Schweine eingefangen«, sagte Olchi-Opa. »Ich hab ihnen jeden Abend meine Gedichte vorgelesen, und sie haben mir sehr gern zugehört!«
»Aber du kannst doch gar nicht lesen, Opa«, meinte das eine Olchi-Kind.
»Den Schweinen war das furzegal«, brummte Olchi-Opa. »Die haben sich trotzdem gefreut!«
Nachdem sich die Aufregung gelegt hatte, holten Grünspecht und Mister Trash Verpflegung aus ihren Taschen, um sich ein wenig zu stärken. Besonders das Trinken war in der Hitze sehr wichtig, aber Wasser hatten sie zum Glück genug dabei. Die Olchis durften sich die leeren Plastikflaschen teilen. Doch die waren in null Komma nichts aufgeknabbert, und da sie nichts Besseres zu tun hatten, kletterten sie flink wie drei Affen auf einen

Baum, schwangen an den langen Lianen hin und her und hatten einen Riesenspaß dabei.
Grünspecht rollte seine Isomatte aus, um ein kurzes Nickerchen zu machen.
Mister Trash setzte sich in den Jeep, fischte seinen Laptop aus der Tasche und tippte eifrig darauf herum.
Als Grünspecht nach einer Weile wieder zum Jeep kam und fragte: »Na? Viel zu tun?«, da klappte Mister Trash seinen Laptop blitzschnell zu.
»Äh, ja, nein, wieso?«, stotterte er verlegen. »Hab mir nur ein paar Sachen notiert.«
Was für ein komischer Kauz, dachte Grünspecht und wunderte sich, wieso sich Mister Trash so ertappt fühlte.
Dann passierte noch etwas Merkwürdiges.
Als sie einige Zeit später ein zweites Mal Rast machten, um sich ein wenig die Beine zu vertreten, beobachtete Grünspecht, wie Mister Trash hinter einem Busch stand und heimlich telefonierte.
Das kann doch nicht sein, wunderte sich Grünspecht, hat er hier denn Handyempfang? Doch dann sah er, dass es gar kein Handy war. Mister Trash hielt sich ein Funksprechgerät ans Ohr. Grünspecht erkannte es an der langen Antenne. Als Mister Trash das Gespräch beendet hatte, ließ er das Funkgerät schnell in seiner Tasche verschwinden.
»Mit wem telefonieren Sie denn hier?«, fragte Grünspecht, als sie wieder am Jeep waren.

»Äh, ich? Wieso?«, sagte Mister Trash. »Nun ja, wollte nur mal mein neues Handy ausprobieren. Es gibt aber leider keinen Empfang hier.«
Sehr eigenartig, dachte Grünspecht. Irgendetwas stimmt wohl doch nicht mit ihm. Vielleicht hätte ich ihn lieber nicht mitnehmen sollen.
Er ahnte ja nicht, wie recht er damit hatte.

Die Gorilla-Station

Bis Mittag ging es bergauf und bergab, an Wiesen und Maisfeldern vorbei, dann wurde der Busch dichter. Hohe Bambusrohre standen Spalier, und Grünspecht lenkte den Jeep immer weiter in den feuchten Dschungel hinein. Die Pflanzen leuchteten in hundert unterschiedlichen Grüns, und gezackte Farne und mächtige Baumriesen, an denen lange Lianen hingen, säumten den schmalen Fahrweg. Es roch sumpfig und nach feuchtem Moos. Zweimal mussten sie aussteigen, um wuchernde Pflanzen aus dem Weg zu räumen. Den Olchis gefiel das ganz gut.

Mister Trash war weniger angetan. »Ziemlich viel Wald hier«, meinte er und verscheuchte ein aufdringliches Krabbelinsekt von seinem Safarihemd.

»Tja, wenn Sie umkehren wollen, dann müssen Sie leider zu Fuß marschieren«, sagte Grünspecht.

»Ach was, Unsinn!«, rief Mister Trash. »Wer redet denn von Umkehren? Ich will Ihre Frau unbedingt finden.«

Grünspecht kannte sich nicht nur mit Tieren, sondern auch mit Pflanzen gut aus. Während sie weiterfuhren, unterhielt er Mister Trash und die Olchis mit seinen

Erzählungen über essbare Bäume und Blätter und über giftige Dschungelpflanzen, die man zu Medizin verarbeiten konnte. Er erzählte auch vom Ökosystem Dschungel, wie sich Tiere, Pflanzen und Menschen gegenseitig brauchten, um zu überleben.
Die Olchis hörten gespannt zu. Mister Trash allerdings wurde zunehmend unruhiger. Das lag an den Wolken von Stechmücken, die sich jetzt über ihn hermachten. Grünspecht gab ihm etwas von Professor Brauseweins Mückenspray, denn das half ausgezeichnet.
Am Nachmittag endete der Weg, und sie hatten die Gorilla-Station endlich erreicht. Ein Mann in kariertem Hemd war gerade dabei, einen Zaun zu reparieren. Er legte sein Werkzeug zur Seite und kam auf sie zu.
»Bisschen schwer zugänglich, unser Camp!«, rief er und lächelte breit. »Willkommen bei uns! Ich bin Gerald Henderson!«
Mister Henderson war mindestens eins neunzig groß und hatte einen sehr kräftigen Händedruck.
Grünspecht wusste von Gerda, dass Henderson hier der Chef war, und stellte sich vor.
»Sie sind der Mann von Gerda? Was für eine Überraschung!«, sagte Mister Henderson und umarmte ihn herzlich. »Gerda hat uns so viel von Ihnen erzählt.«
Er drückte auch Mister Trash die Hand und blickte ein wenig irritiert auf die drei grünen Müffel-Olchis.
»Und ihr seid sicher diese äh … sogenannten Olchis,

nehme ich an? Auch von euch hab ich schon von Gerda gehört.«
»Ja, wir sind auch aus Schmuddelfing«, erklärte ihm Olchi-Opa. »Wir helfen Herrn Grünspecht beim Suchen nach seiner Gerda.«
Grünspecht erzählte Henderson, dass er schon so lange nichts mehr von Gerda gehört hatte und dass er sich deshalb die größten Sorgen machte.
»Verstehe«, sagte Henderson. »Gerda ist leider nicht hier. Wie so oft, ist sie mal wieder allein im Dschungel unterwegs. Wir haben uns auch schon Gedanken gemacht.«
»Ganz allein im Dschungel? Ach du grüne Neune!«, murmelte Mister Trash. »Da wird es schwer sein, sie zu finden.«
»Dass sie noch immer im Dschungel ist, hab ich befürchtet«, seufzte Grünspecht. »Sie macht das oft. Sie beobachtet die Gorillas nicht nur, sie lebt praktisch mit ihnen.«
»Das ist korrekt!« Henderson lächelte. »Gerda ist inzwischen fast so was wie eine Dschungelbewohnerin geworden. Aber wir finden sie sicher. Bestimmt ist alles in Ordnung. Kommen Sie, ich zeige Ihnen erst mal unser Camp.«
Er führte sie zu den Gehegen für die Berggorilla-Waisen, zeigte ihnen ein Klettergerüst zum Spielen für die kleinen Gorillas und die flachen, gemütlichen Hütten, in denen die Tierpfleger wohnten.
»Da drüben wohnt Ihre Frau immer, wenn sie mal hier

ist«, sagte Henderson zu Grünspecht und deutete auf eine Hütte am Ende des Camps.
Mister Trash lachte. »Nicht gerade ein Fünfsternehotel, was?«
Eine hagere Frau mit schwarzem Pferdeschwanz kam aus einem der Tiergehege und begrüßte Grünspecht ebenso herzlich, wie es Mister Henderson getan hatte.
»Ich bin Diana«, sagte sie. »Ich bin hier die Tierärztin.«
Grünspecht erzählte auch ihr von seiner Angst um Gerda.
Diana schaute besorgt. »Da ist noch eine andere merkwürdige Sache«, meinte sie. »Wir vermissen in letzter Zeit das Postflugzeug.«
»Es ist ein kleiner Helikopter«, erklärte Henderson. »Normalerweise landet er einmal in der Woche bei uns. Aber schon seit mehr als drei Wochen ist er nicht mehr gekommen, und wir wissen nicht, warum. Wir haben keinen Funkkontakt zum Piloten.«
»Wir befürchten, dem Postflieger ist etwas zugestoßen«, fügte Diana hinzu. »Das wäre auch eine Erklärung, wieso Sie keine Nachricht mehr von Ihrer Frau erhalten konnten. Gerda hat dem Postflieger immer Ihre Briefe mitgegeben. Es gibt im Dschungel einen Landeplatz, dorthin haben wir ihr immer ihre Verpflegung geliefert.«
»Ach du grüner Läuserich!«, riefen die Olchi-Kinder, die alles mit angehört hatten. »Jetzt bekommt sie kein Essen mehr? Verhungert sie jetzt?«

»Na, das wollen wir doch nicht hoffen«, meinte Mister Trash. »Sicher kann sie sich von den Früchten des Waldes ernähren. Wie wir gehört haben, gibt es ja viel essbares Pflanzenzeug. Bestimmt findet sie Bananen und Durians, und vielleicht kann sie ja auch ein paar kleine Tierchen erlegen ...«
Grünspecht machte ein betroffenes Gesicht und sagte gar nichts.
Mister Trash wandte sich an Diana. »Erzählen Sie doch etwas über die Arbeit hier. Ich interessiere mich nämlich sehr für Tiere, müssen Sie wissen.«
Olchi-Opa knurrte: »Beim Hühnerich, das haben wir schon gemerkt. Besonders mit warzigen Schweinen kennst du dich aus!«
»Hier entlang«, sagte Diana und führte sie hinüber zu den Gehegen, wo die Gorillas versorgt wurden.
»Sie kommen alle aus Gefangenschaft«, erklärte sie. »Es dauert ziemlich lang, bis wir sie wieder in die Wildnis entlassen können.«
Sie zeigte auf zwei kleinere Gorillas, die oben auf dem Klettergerüst herumturnten. Hin und wieder neckten und stupsten sie sich, und einer der beiden ließ sich vom Ast fallen und kugelte fröhlich kreischend auf dem Fußboden herum.
»Sie sehen ja sehr zufrieden aus«, meinte Grünspecht.
»Es sind zwei Gorillamädchen, sie heißen Isangi und Baraka«, erklärte Diana. »Sie waren in der Hand von

Wilderern und sollten wohl irgendwohin verkauft werden, doch unsere Wildhüter konnten sie befreien.«
»Die sind aber süß!«, sagte das eine Olchi-Kind. »Mit denen würd ich auch gern mal spielen!«
»Sie waren noch völlig durcheinander, als sie bei uns ankamen«, erzählte Diana. »Inzwischen haben sie aber bereits angefangen, Nester zu bauen. Sie zeigen schon wieder normales Gorilla-Verhalten, aber es wird noch ein Weilchen dauern, bis wir sie auswildern können.«
»Vorsicht!«, warnte Henderson und zeigte auf die Drähte, die rings um das Gehege gespannt waren. »Geht nicht zu nah ran! Das ist ein Elektrozaun!«
»Wieso das denn?«, fragte Grünspecht.
Henderson erklärte es ihm. »Er soll die aggressiven Paviane fernhalten, die hier immer mal wieder auftauchen.«
»Was ist denn ein Erschreckozaun?«, fragte das eine Olchi-Kind und streckte neugierig die Hand danach aus. »Er erschreckt mich doch nicht!«
»Finger weg!«, warnte Grünspecht, doch es war schon zu spät. Mit beiden Händen umklammerte das Olchi-Kind den dicken Draht.
»Hihi!«, begann es zu kichern. »Beim mistigen Hühnerich, das kribbelt aber krötig!« Anscheinend machten ihm die Stromstöße gar nichts aus, nur seine olchigen Drahthaare standen jetzt fast senkrecht in die Luft.
»Verblüffend«, murmelte Mister Trash beeindruckt. »Jeder andere wäre schon längst aus den Latschen gekippt.«

Trash wettet seinen Hut

Sie setzten sich auf die kleine Terrasse vor Hendersons Hütte, und der servierte ihnen Kräutertee, Kekse, Nüsse und Früchte. Die Olchis kauten die Schalen der Nüsse, mampften die Teebeutel und ein paar Bananenschalen.
»Sehr gemütlich ist es hier«, sagte Olchi-Opa und rülpste kräftig. Dann legte er sich mit den Olchi-Kindern in den Schatten der Hütte, um ein kleines Verdauungsschläfchen zu halten.
Bei den anderen kam die Rede noch einmal auf die Wilderer und die Ölfirma, vor der alle so große Angst hatten.
»Die Wilderer kommen der Ölfirma leider sehr gelegen«, seufzte Diana. »Je weniger Tiere es gibt, desto besser für sie. Wir haben hier außer den bedrohten Berggorillas auch Schimpansen, Elefanten, Nilpferde, Okapis, Chamäleons und tausend andere Tiere. Unsere Wildhüter sind überall verteilt, aber der Kampf gegen die Wilderei ist kaum zu gewinnen.«
»Ein Jammer«, sagte Grünspecht.
Und Henderson erklärte weiter: »Wenn sich *Happy Oil* hier ausbreitet, dann werden im Nationalpark Straßen gebaut und Wälder abgeholzt. Mehr und mehr Siedlun-

gen werden entstehen. Es wird intensive Schallmessungen geben, mit denen man Ölfelder aufspüren will, und auch das wird für die Tiere äußerst unangenehm werden. Tierschützer, die die Ölbohrungen verhindern wollen, sind der Ölfirma ein Dorn im Auge. Doch Gerda ist sehr mutig. Sie setzt sich öffentlich gegen die Zerstörung des Nationalparks ein. Tja, und wie das so ist, leider hat sie sich dadurch auch viele Feinde gemacht.«

»Gleich morgen früh werden wir im Gorilla-Gebiet nach ihr suchen«, sagte Grünspecht.

»Ruhen Sie sich erst mal ein wenig aus, Sie sehen müde aus, und Ihr Weg wird anstrengend«, meinte Diana.

»Sie müssen zu Fuß durch den Dschungel. Die Gorillas wohnen an den Berghängen des Vulkans. Mit dem Jeep kommen Sie dort nicht hin.«

Mister Trash sagte: »Für mich kein Problem. Ich hab gutes Schuhwerk.«

»Wollen Sie uns wirklich noch weiter begleiten?« Grünspecht schaute ihn fragend an.

»Na klar, versprochen ist versprochen!«, rief Mister Trash und lächelte so breit, dass man seinen Goldzahn sehen konnte.

»Wie Sie möchten«, sagte Grünspecht. »Wundert mich nur, dass Sie mir so unbedingt helfen wollen.«

»Da gibt es nichts zu wundern«, sagte Mister Trash.

»So ein Fußmarsch im Dschungel war schon immer mein Traum.«

»Stellen Sie sich das nicht so einfach vor«, meinte Diana, und Henderson schlug vor: »Am besten ist, Sie suchen den Hubschrauber-Landeplatz. Wenn Sie eine Chance haben, Gerda zu treffen, dann wohl dort.«

»Gute Idee, das denke ich auch«, sagte Grünspecht.

Mister Trash wischte sich den Schweiß vom Gesicht und leerte seine Teetasse in einem Zug. »Wir werden Ihre Gerda schon finden, darauf wette ich meinen Hut!«

»Ach? Wetten Sie auch um Ihren geliebten Alu-Koffer?«, fragte Grünspecht.

»Machen Sie keine Witze«, brummte Mister Trash.

»Na, dann eben Ihren Hut«, sagte Grünspecht. »Die Wette gilt.«

»Sollten Sie morgen im Wald Gorillas begegnen, dann müssen Sie ein paar wichtige Sachen beachten«, erklärte Diana.

»Ist mir schon klar, ich kenn mich aus mit Gorillas«, sagte Grünspecht, dem man nicht so leicht etwas Neues erzählen konnte.
Diana lächelte. »Trotzdem möchte ich Ihnen ein paar Tipps geben. Zum Beispiel darf man nie mit ausgestrecktem Arm auf ein Mitglied der Affensippe zeigen, denn das könnte als Wurfattacke verstanden werden. Halten Sie immer einen Sicherheitsabstand von mindestens sieben Metern ein. Und laufen Sie um Himmels willen nie weg, denn das wäre lebensgefährlich.«
»Ach du grüne Neune«, murmelte Mister Trash.
»Muffelfurzteufel, warum sollten wir denn weglaufen?«, fragte Olchi-Opa. »Ist doch schön, wenn wir ein paar Gorillas treffen.«
Grünspecht lächelte. »Die Frage ist, ob die Gorillas das auch so schön finden.«

Eine schlimme Entdeckung

Grünspecht durfte die Nacht in Gerdas Hütte verbringen, zusammen mit Mister Trash. Er legte sich in Gerdas schmales Feldbett, und für Mister Trash hatte man in der anderen Ecke des Zimmers eine Schlafmatte ausgerollt.
Die Olchis kuschelten sich draußen auf einen duftenden Komposthaufen. Sie fanden das sehr krötig und buddelten sich gemütlich ein, denn der Geruch erinnerte sie an Olchi-Mamas berühmte Stinkerbrühe.
Grünspecht war nicht ganz so sorglos. Obwohl er hundemüde war, machte er wieder kein Auge zu. Seine Gedanken waren bei Gerda, bei *Happy Oil* und dem verschollenen Postflieger. Immer wieder fragte er sich, wie das alles wohl zusammenhing.
Er blinzelte hinüber zu Mister Trash, der sich auf seiner Matte ausgestreckt hatte. Den Alu-Koffer hatte er unter sein Kopfkissen gelegt, und schon wieder war er dabei, etwas in seinen kleinen Laptop zu schreiben. Was hatte er mitten in der Nacht so Wichtiges zu notieren? Grünspecht konnte es sich nicht erklären.
Endlich legte Mister Trash seinen Computer zur Seite. Er zog seine Stiefel, die Hose und das Safarihemd aus

und machte es sich bequem. Unter dem Hemd trug er ein weißes T-Shirt, und Grünspecht konnte darauf einen grünen Schriftzug erkennen. Als er versuchte, ihn zu lesen, erschrak er. Hatte er richtig gesehen?
In der Hütte war es ziemlich dunkel, sodass er Schwierigkeiten hatte, die Schrift richtig zu entziffern. Da fiel ihm das kleine Nachtsichtgerät ein, das ihm Professor Brausewein mitgegeben hatte. Mit zitternden Fingern kramte er es aus dem Rucksack.
Mister Trash hatte sich zur Seite gedreht und ihm den Rücken zugewandt. Auch auf der Rückseite seines T-Shirts war jetzt ein Aufdruck zu sehen. Grünspecht zoomte ihn näher heran und konnte deutlich lesen:
HAPPY OIL. FÜR EINE BESSERE ZUKUNFT.
Grünspecht erstarrte. Das konnte doch nicht wahr sein! Woher hatte Mister Trash dieses T-Shirt? Gehörte er etwa zu der Ölfirma? Das Herz klopfte Grünspecht bis zum Hals. Er ließ das Nachtsichtgerät wieder im Rucksack verschwinden und versuchte, ruhig zu bleiben. Als er hörte, dass Mister Trash begann, leise vor sich hin zu schnarchen, schlich er auf Zehenspitzen zu ihm hinüber, kniete sich auf den Boden und schaltete den Laptop ein. So was tut man eigentlich nicht, schoss es ihm durch den Kopf, und er hatte ein schrecklich schlechtes Gewissen dabei. Aber es musste sein. Jetzt wollte er unbedingt Gewissheit haben.
Und die bekam er.

Auf dem Bildschirm erschien das Logo von *Happy Oil*. Und als er in Windeseile den Posteingang durchsuchte, fanden sich jede Menge Dokumente für die Ölfirma. Nun hatte er die Bestätigung: Dieser windige Mister Trash schrieb pausenlos Berichte an *Happy Oil*! Grünspecht wurde ganz schwindelig.
Als sich Mister Trash grunzend umdrehte, schaltete er erschrocken den Computer aus und schlich zurück zu seinem Bett. Er war jetzt hellwach, und plötzlich wurde ihm einiges klar.
Mister Trash war ein Mitarbeiter von *Happy Oil*, und deshalb wollte er Gerda unbedingt aufspüren! Aber was wollte er von ihr? Hatte er den Auftrag, sie unschädlich zu machen? Und wie wollte er das anstellen?
Tausend Fragen schossen ihm durch den Kopf. Und dann fiel ihm auch noch der Revolver ein, den Mister Trash in seiner Tasche hatte. Der Gedanke daran machte ihn vollends nervös. Er stand auf, zog seine Kleider an und nahm seinen Rucksack.
Hoffentlich wacht er jetzt nicht auf, dachte er.
So leise wie möglich schlich Grünspecht zur Tür.
Sie knarrte ein wenig, als er sie öffnete. Er blieb kurz stehen und hielt den Atem an. Doch Mister Trash schlief selenruhig weiter.
Endlich war Grünspecht draußen.
Eine Grille zirpte, und irgendwo in der Ferne heulte ein Hund. Sicher einer der Wildhunde, dachte Grünspecht.

Er lief hinüber zum Komposthaufen und rüttelte Olchi-Opa wach.
»Muffelfurz, was ist denn los?«, fragte Olchi-Opa verschlafen, und auch die Olchi-Kinder klappten mühsam ihre Augen auf.
Grünspecht erzählte ihnen in knappen Worten, was er gerade gesehen hatte. »Wir müssen schnellstens hier weg!«, zischte er. »Wir müssen Mister Trash abhängen! Er darf Gerda nicht finden!«
»Ach du schlapper Schlammlappen«, flüsterten die Olchi-Kinder erschrocken.
»Bei meiner obergrätigen Stinkersocke, dann nichts wie los«, brummte Olchi-Opa und sprang mit einem Satz vom Komposthaufen. Trotz seiner 985 Jahre war er erstaunlich fit.

Schlangenalarm!

Henderson hatte Grünspecht den Weg zum Hubschrauber-Landeplatz so gut es ging beschrieben. Um dorthin zu gelangen, mussten sie als Erstes einem Wasserlauf folgen, und später sollten sie sich am Gipfel des Vulkans orientieren. Fast zehn Kilometer Fußmarsch lagen jetzt vor ihnen.

»Mitten in der Nacht durch den Dschungel, was für ein Irrsinn«, murmelte Grünspecht. Der Gedanke, in der Finsternis durch den Busch zu laufen, gefiel ihm gar nicht, aber Gerda zuliebe musste er es natürlich wagen.

»Keine Angst«, meinte das eine Olchi-Kind. »Wir sehen auch im Dunkeln alles.«

»Ihr habt ja auch eure olchigen Super-Augen«, brummte Grünspecht und stolperte hinter den Olchis her.

»Dieser verdammte Mister Trash«, schimpfte er vor sich hin. »Hätten wir ihn nur nicht mitgenommen!«

»Beim Gräterich, alles ist krötig. Jetzt sind wir ihn doch los«, meinte Olchi-Opa.

Die Olchis gingen voraus und bahnten Grünspecht den Weg. Fast zwei Stunden lang marschierten sie so am

Wasser entlang, dann mündete der kleine Fluss in einen Wasserfall und stürzte in eine enge Schlucht.
Der Pfad wurde steiler, Grünspecht schnaufte wie eine kleine Dampflok. Stachelige und brennnesselartige Zweige erschwerten ihnen das Vorankommen, und Grünspecht kramte Brauseweins Spezialhandschuhe aus dem Rucksack. Die Olchis brauchten so was nicht. Sie rissen das Stachelgestrüpp mit bloßen Händen auseinander.
Irgendwann kamen sie an einen morastigen Tümpel.
Für die Olchis sah das schwarze Wasserloch ziemlich einladend aus, denn eine kleine Erfrischung kam ihnen gerade recht.
»Krötiger Wanzensumpf! Komm doch mit!«, riefen sie begeistert, und schon hüpften sie hinein, dass es nur so spritzte. Grünspecht hatte auf so ein Schlammbad nun wirklich keine Lust. Kopfschüttelnd stand er am Rand des schwarzen Tümpels und sah den Olchis dabei zu, wie sie sich darin herumwälzten wie in einer Badewanne.
»Muss das denn sein?«, sagte er. »Ihr werdet ja total schmutzig!«
Olchi-Opa tauchte bis auf den Grund und fischte dicke Blutegel und lange Würmer heraus. Die Olchi-Kinder hüpften lustig kreischend in der schlammigen Brühe herum, schleuderten sich fette Matschknödel auf die Knubbelnasen und fühlten sich ein bisschen wie zu Hause.
Als Grünspecht ein nasser Schlammbatzen auf den

Safarihut platschte, hatte er endgültig genug von den olchigen Späßen.

»Was soll denn das!«, begann er zu schimpfen. »Lasst endlich diesen Unsinn, und kommt da raus! Wir müssen Gerda finden!« Durch den langen Fußmarsch fühlte er sich ziemlich erschöpft und war bei Weitem nicht so guter Laune wie die Olchis.

Endlich kamen die grünen Stinkerlinge wieder aus dem Wasser und schüttelten sich trocken.

»Warum bist du denn so grummelig?«, fragte Olchi-Opa.

»Da fragst du noch?« Grünspecht blickte auf seine Armbanduhr. »Es ist zwei Uhr nachts, und ich bin todmüde!« Ächzend ließ er sich auf einen umgekippten Baumstamm sinken.

»Beim Läuserich, was ist denn das für ein krötiges Tierchen?«, fragte das eine Olchi-Kind und deutete auf den bemoosten Baumstamm. Grünspecht fuhr herum. Direkt neben ihm ringelte sich eine dunkelgraue Schlange.

»Ach du grüne Neune«, flüsterte er erschrocken. »Eine Schwarze Mamba!«

Er blieb regungslos sitzen und legte seinen Zeigefinger auf die Lippen.

»Ganz ruhig bleiben!«, flüsterte er.

Die Schlange hob ihren Vorderkörper an und gab ein scharfes Zischen von sich.

»Eine Drohgebärde«, murmelte Grünspecht. »Bleibt bitte stehen! Bewegt euch keinen Zentimeter!«

Doch das Tier war offensichtlich gereizt. Es öffnete sein breites Maul und zischte ein zweites und ein drittes Mal. Grünspecht wusste, dass er jetzt in höchster Gefahr war. Er durfte auf keinen Fall die Nerven verlieren. Nur eine kleine falsche Bewegung, und die Schlange würde zubeißen. »Braves Tierchen«, murmelte er, als wäre die Giftschlange nur ein kleines Hündchen, das er besänftigen wollte. »Du wirst doch dem guten Gustav nicht wehtun wollen, oder?«

Die Olchis standen die ganze Zeit wie angewurzelt da und machten große Glupschaugen. Nur ihre Hörhörner zitterten ein bisschen. Grünspecht erhob sich so langsam, wie er nur konnte. Ganz vorsichtig entfernte er sich Zentimeter für Zentimeter aus der Gefahrenzone.

Die Schwarze Mamba hatte jetzt aufgehört zu zischen. Sie ließ sich lautlos vom Baumstamm gleiten, und einen Augenblick später war sie auch schon in der Dunkelheit verschwunden.

Grünspecht lehnte sich erschöpft an einen Baum. »Eine Giftnatter«, erklärte er. »Dendroaspis polylepis! So um die zwei Meter lang, schätze ich. Es gibt auch bis zu fünf Meter lange Exemplare. Wenn sie das Gefühl haben, sich verteidigen zu müssen, dann können diese Tiere sehr aggressiv werden. Ohne Gegengift ist ihr Biss zu hundert Prozent tödlich.«

»Ach du ranziger Schlammbeutel«, sagte das eine Olchi-Kind beeindruckt. »Da hast du aber Glück gehabt!«

»Hast du denn ein Gegengift dabei?«, fragte das andere Olchi-Kind.
Grünspecht nickte. »Ja, Professor Brausewein hat mir ein Fläschchen mitgegeben. Ich möchte es aber nur ungern benutzen müssen, denn so ein Schlangenbiss ist äußerst schmerzhaft.«
»Mich haben Schlangen schon oft gebissen«, behauptete Olchi-Opa. »Vor 500 Jahren war ich Schlangenbeschwörer in Indien. Hab ich das schon mal erzählt? Wenn eine Schlange nach mir geschnappt hat, hab ich einfach zurückgebissen, und dann war Ruhe im Karton!«
Grünspecht lächelte schwach. »Manche Dinge können so einfach sein ...«
Trotz seiner Müdigkeit beschloss er, nun doch noch weiterzugehen.
»Vielleicht kommen wir ja bald an eine kleine Lichtung«, sagte er. »Dann werde ich Brauseweins Minizelt aufbauen, und wir können bis Sonnenaufgang schlafen.«
Inzwischen waren seine Füße so schwer wie Blei, und sein Gesicht und die Hände juckten entsetzlich. Trotz der Spezialsalbe hatte er jede Menge Insektenstiche abbekommen.
»Brausewein wird dieses Zeug noch mal überarbeiten müssen«, murmelte er.
Immer tiefer tauchten sie in den Urwald ein. Längst konnte Grünspecht sich nur noch mit seinem Kompass orientieren.

Die Olchis bahnten fleißig den Weg, und Grünspecht folgte ihnen, so gut er konnte. Dass sich Gerda hier in diesem Dschungel so gerne aufhielt, wunderte ihn immer mehr. Ihre Begeisterung für die Gorillas musste wirklich sehr groß sein.
»Es hat keinen Sinn«, sagte er nach einer Weile. »Schätze, bis zu diesem Hubschrauber-Landeplatz dürften es noch mindestens vier Kilometer sein. Lasst uns hier übernachten und morgen früh weitersuchen.«
Unter einem Baum, von dem lange Lianen hingen, blieben sie stehen. Olchi-Opa schaute nach oben und sagte: »Beim Gräterich, ich klettere da mal rauf und schau mir die Gegend an.«
Er schwang sich an den langen Lianen wie ein kleiner Schimpanse nach oben, und in null Komma nichts saß er in der Baumkrone, 60 Meter über dem Boden.
»Gerda!«, schrie Olchi-Opa, so laut er konnte. »Gerda, hörst du mich? Wir suchen dich!«
»Lass diesen Unsinn«, rief Grünspecht hinauf. »Sie kann dich sicher nicht hören. Wir sind noch nicht im Gorilla-Gebiet.«
»Beim Läusefurz! Ich seh da was!«, rief Olchi-Opa plötzlich. »Da drüben raucht es!«
»Wie? Du siehst Rauch?«, fragte Grünspecht verwundert.
»Ja, vielleicht raucht da ein Kamin!«, rief Olchi-Opa.
»Vielleicht ist es schon wieder diese Ölfirma von Mister Trash!«

»Erinnere mich nicht an ihn«, brummte Grünspecht. Der Gedanke an Mister Trash war ihm äußerst unangenehm.

Olchi-Opa kam wieder heruntergeklettert und sagte: »Ich konnte nicht sehen, was da raucht. Es waren so viele Bäume davor.«

Aber die Richtung, in der er die Rauchsäule gesehen hatte, konnte er genau beschreiben, und Grünspecht zückte noch mal seinen Kompass.

»Na, dann mal los«, sagte er. »Wo Rauch ist, da sind vielleicht auch Menschen, die uns helfen können.«

»Vielleicht raucht ja deine Gerda?«, überlegten die Olchi-Kinder. »Vielleicht hat sie da drüben ein Lagerfeuer gemacht?«

Über Grünspechts Gesicht huschte ein kurzes Lächeln. »Das wär zu schön, um wahr zu sein!«

Jetzt hatte er wieder Mut gefasst, und sogar seine schmerzenden Füße spürte er kaum noch. Sie folgten dem Kompass in Richtung Südwesten, und abwechselnd kletterten die Olchis immer mal wieder auf einen hohen Baum, um nach der Rauchsäule Ausschau zu halten.

Endlich öffnete sich der Dschungel zu einer Lichtung, und vor ihnen lag ein See. Große, glatte Steine lagen da am Ufer und im Wasser, die aussahen wie die Rücken badender Elefanten. Grünspecht setzte sich auf einen der Elefantensteine und meinte: »Was für ein schönes Plätzchen! Seht nur, da drüben steht ein Pelikan! Und dort ein Schuhschnabelstorch!« Begeistert zeigte er auf die seltenen Wasservögel.

»Und dahinten seh ich das Feuer!« Olchi-Opa deutete auf die Rauchsäule am anderen Seeufer. Grünspecht nahm sein Fernglas mit dem Nachtsichtgerät.

»Da stehen ein paar Zelte«, sagte er erstaunt. »Ach du meine Güte, da steht ja auch ein Hubschrauber!«

»Vielleicht der Postflieger?«, rief Olchi-Opa erfreut. »Krötig! Wir haben ihn gefunden!«

»Könnte sein«, murmelte Grünspecht und setzte das Fernglas ab.

»Dann gehen wir doch einfach mal hin und fragen«, schlug das eine Olchi-Kind vor.

»Vielleicht sitzt die Gerda ja da drüben am Lagerfeuer

und singt lustige Olchi-Lieder«, meinte das andere Olchi-Kind.

»Nicht so schnell«, sagte Grünspecht. »Wir müssen vorsichtig sein. Was, wenn es sich um ein Wilderer-Camp handelt? Und wie sollen wir überhaupt da rüberkommen? Zu Fuß um den ganzen See ist mir zu weit. Das schaffe ich heute Nacht beim besten Willen nicht mehr.«

Sie überlegten eine Weile hin und her, dann hatten sie einen Entschluss gefasst: Grünspecht sollte hierbleiben, sein Zelt aufstellen und sich ein wenig ausruhen. Und die Olchis wollten sich einen Baumstamm suchen, mit dem sie auf die andere Seeseite paddeln konnten. Dann wollten sie sich vorsichtig an die Zelte heranschleichen und nachsehen, wer da drüben sein Lager aufgeschlagen hatte.

»Ist doch kein Problem, beim Kröterich«, meinte Olchi-Opa. »Vor 600 Jahren bin ich in Amerika auf einem Baumstamm die Niagarafälle hinuntergedonnert. Beim Rattenfurz, das war eine viel schwierigere Sache!«

»Wenn deine Gerda da drüben ist, dann holen wir sie«, versprach das eine Olchi-Kind.

Grünspecht lächelte erleichtert. »Na wunderbar, dann macht euch mal auf eure Stinkersocken!« Er nahm seinen Safarihut ab und fummelte Brauseweins Minizelt aus dem Rucksack.

Nur ein einziger Schuss

Die Olchis suchten sich einen geeigneten Baumstamm, entfernten mit ihren harten Olchi-Zähnen ein paar störende Äste und schoben das lange Ding wie ein Kanu ins Wasser. Dann legten sie sich bäuchlings darauf und paddelten los.

»Viel Glück!«, rief ihnen Grünspecht nach.

Drei langbeinige Storchenvögel flatterten aufgeschreckt davon, als die drei Grünlinge an ihnen vorbeischipperten.

»Muffelwind im Ofenloch, was für ein unkrötiges Frischwasser«, raunzte Opa und versuchte, seine Arme beim Paddeln nicht allzu tief in das klare Wasser zu tauchen.

Als sie die Mitte des Sees erreicht hatten, kam ihnen ein dickes graubraunes Tier entgegen. Seine kleinen Augen blinzelten die Olchis verwundert an.

»Seht mal, was da schwimmt«, rief Olchi-Opa, der ganz vorne auf dem Baumstamm lag.

»Ein Seeungeheuer!«, riefen die Olchi-Kinder und wurden ein bisschen nervös. Das Ungeheuer hatte einen wuchtigen Kopf und eine lange, breite Schnauze. Als es näher kam und sein Maul aufklappte, sahen sie darin lange, hauerartige Eckzähne.

»Das ist kein Ungeheuer, es ist ein harmloses Nilpferd«, erklärte Olchi-Opa. »Solche Pferde hab ich schon oft gesehen. Vor 700 Jahren bin ich auf ihnen tagelang herumgeritten.«
Das eine Olchi-Kind meinte: »Quatsch, Opa! Es schwimmt auf dem See, also ist es ein Seepferd. Los, wir springen zu ihm rüber, ich will auf ihm reiten!«
Und noch ehe Olchi-Opa *Furz* sagen konnte, waren die beiden Olchi-Kinder auch schon auf das Nilpferd gehüpft.
»Gute Idee, Stinkerlinge«, sagte Olchi-Opa. »Beim Muffelwind, das Pferd soll uns über den See bringen!« Auch er hüpfte von dem sicheren Baumstamm, und dann saßen alle drei auf dem breiten Nilpferdrücken. Es war ein sehr

olchiges Gefühl, ganz so, als säßen sie auf ihrem Drachen Feuerstuhl. Nur ein bisschen feuchter und rutschiger.
»Hoffentlich taucht es nicht unter«, rief das eine Olchi-Kind.
Doch das Nilpferd dachte zum Glück gar nicht daran.
Es klappte seine Nasenöffnungen auf und zu, schwamm gemächlich weiter und ließ sich von den Olchis ganz leicht in die gewünschte Richtung lenken. Leider war es ein ziemlich langsamer Schwimmer, denn die kurzen Stummelbeine konnten den massigen Körper nur langsam vorwärtsbewegen. Aber die Olchis dirigierten es geschickt über das Wasser. Im Steuern von Riesentieren waren sie schließlich Experten. Das hatten sie zu Hause mit ihrem olchigen Drachen schon tausendmal geübt.
Als sie am anderen Ufer angelangt waren, hüpften sie in den Sand. Nicht weit entfernt sahen sie ein paar Zelte, und dahinter stand der Hubschrauber.
Das Nilpferd grunzte ein paarmal und trabte ein kurzes Stück den Strand entlang. Plötzlich passierte etwas sehr Olchiges: Das Nilpferd war stehen geblieben, hob den Kopf und gab eine gewaltige Ladung Harn und Kot von sich. Gleichzeitig wirbelte es propellerartig mit seinem Schwanz und quirlte seine Exkremente mit Schwung in alle Richtungen.
»Krötig!«, murmelte Olchi-Opa beeindruckt, und auch die Olchi-Kinder standen mit offenem Mund da. So etwas Olchiges hatten selbst sie noch nie gesehen.

Ein lauter Aufschrei riss sie aus ihrer Bewunderung.

Der Schrei kam von einem aufgeregten Mann, der drüben bei den Zelten stand. Sie sahen, wie er wild gestikulierte und auf das Nilpferd deutete. Jetzt kam er mit einem langen Gewehr in der Hand herbeigelaufen.

Blitzschnell sprangen die Olchis hinter einen Busch.

Doch der Mann hatte es anscheinend nur auf das Nilpferd abgesehen.

Er war jetzt stehen geblieben, hatte sein Gewehr angelegt, und einen Augenblick später zerriss ein scharfer Knall die Stille der Nacht.

»Wanziger Knochenschleim!«, flüsterten die Olchi-Kinder entsetzt, und Olchi-Opa stieß aus: »Beim mistigen Grä…«

Das Nilpferd war mit seinen Vorderbeinen eingeknickt. Es kippte mit einem lauten Grunzer zur Seite, plumpste in den Sand und zuckte ein paarmal mit den Beinen. Dann rührte es sich nicht mehr. Der Mann hatte es mit einem einzigen Schuss erlegt.

Die Olchis sahen, dass noch vier weitere Männer aus den Zelten gekommen waren. Sie alle kamen herbeigelaufen, um ihre Beute zu begutachten.

»Wanziger Läuserich, das sind Wilderer!«, zischte Olchi-Opa. »Schnell, weg hier!«

Den Wilderern die Ohren lang zu ziehen, wie sie es eigentlich vorgehabt hatten, schien auf einmal gar keine so gute Idee mehr. Viel zu schrecklich war der Anblick des toten Nilpferds.

»Sie haben es einfach so getötet«, sagte das eine Olchi-Kind leise und wischte sich über die Augen.
Das andere Olchi-Kind nahm es tröstend bei der Hand.
Olchi-Opa knirschte mit den Zähnen. »Eines Tages werden sie dafür bestraft, beim Muffelfurz!«, knurrte er.
Im Schutz der Dunkelheit schlichen sich die Olchis unbemerkt hinüber zu den Zelten. Dort loderte ein Lagerfeuer, leere Flaschen lagen überall herum, und an einem Stein lehnten drei Gewehre. In einer Hängematte, die zwischen zwei Palmen gespannt war, schnarchte ein Mann. Außer ihm war niemand zu sehen.
»Psst! Hört mal«, flüsterte das eine Olchi-Kind und spitzte die Hörhörner. Aus einem der Zelte hörten sie ein Stöhnen. Als sie vorsichtig die Plane zur Seite schoben, fanden sie einen Mann auf dem Boden. Sein krauses Haar war hellgrau, und man sah, dass er nicht mehr der Jüngste war. Er war mit dicken Stricken gefesselt und schaute die Olchis mit großen Augen ängstlich an.
»Ach du grüner Mäusefurz«, sagte Olchi-Opa. »Wer bist du denn?«
»Hilfe! Bindet mich los!«, stöhnte der Mann. Die Olchis bissen so schnell es ging die Fesseln durch. Jetzt stand der Mann ein wenig schwankend vor ihnen und rieb sich die Handgelenke.
»Danke«, sagte er. »Euch schickt der Himmel!«
»Nicht der Himmel, sondern Herr Grünspecht«, korrigierte ihn Olchi-Opa.

»Wir sind die Olchis aus Schmuddelfing«, erklärten die Olchi-Kinder.
»Und ich bin Sumai, der Postflieger«, sagte der Mann. »Diese verdammten Wilderer haben mich gefangen genommen. Ich habe vorhin einen Schuss gehört, wart ihr das?«
»Natürlich nicht«, sagte Olchi-Opa. »Beim wanzigen Kröterich, einer der Wilderer hat unser schönes Nilpferd erschossen.«
»Ach du meine Güte! Erlegen sie jetzt auch schon Nilpferde?«, murmelte Sumai und machte ein betrübtes Gesicht.

Olchi-Opa fragte: »Ist das da draußen dein Hubschrauber?«
»Das ist er«, bestätigte Sumai. »Diese Banditen haben ihn mir geklaut. Sie wollen damit Wildtiere aufspüren!«
»Wir wollen auch jemanden aufspüren«, erklärte ihm Olchi-Opa. »Wir suchen Gerda Grünspecht. Weißt du, wo sie ist?«
»Gerda?« Sumai zog die Augenbrauen hoch. »Das ist eine längere Geschichte. Jetzt müssen wir erst mal schleunigst von hier weg. Los, schnell, wir nehmen den Hubschrauber!«
Die Wilderer waren noch immer am Ufer des Sees mit dem Nilpferd beschäftigt, und so gelangten die Olchis und Sumai unbemerkt zum Hubschrauber. Schnell kletterten sie hinein, und Sumai setzte sich ins Cockpit.
»Auf geht's!«, rief Olchi-Opa. Doch da war kein Schlüssel im Schloss.
»Ach du heilige Schlammsocke, was machen wir denn jetzt?«, sagte das eine Olchi-Kind.
»Für Notfälle hab ich immer einen Zweitschlüssel dabei«, murmelte der Postpilot und zauberte einen Ersatzschlüssel aus seiner linken Socke.
Als sich die Rotorblätter zu drehen begannen, hielten sich die Olchis erschrocken die Hörhörner zu.
»Muffelfurzteufel, das Ding ist ja noch lauter als unser Drache Feuerstuhl!«, rief Olchi-Opa. Der Hubschrauber stieg senkrecht in die Luft, und Sumai steuerte ihn in

einer scharfen Kurve hinüber zum See. So knapp donnerte er über die Köpfe der Wilderer hinweg, dass die Olchis sehen konnten, wie sich die Banditen vor Schreck in den Sand warfen.

»Ihr Mistkerle!«, brummte Sumai und lenkte den Hubschrauber auf den dunkelgrünen See hinaus. Die Olchis erklärten ihm, dass am anderen Seeufer Gustav Grünspecht auf sie wartete. Sie zeigten ihm die Stelle, wo er sein kleines Zelt aufgeschlagen hatte.

»Da kann ich nicht landen«, meinte Sumai, als sie näher kamen. »Ist viel zu wenig Platz!« Der Hubschrauber ging noch ein Stück tiefer und schwebte jetzt knapp zehn Meter über Grünspechts Zelt. Sie sahen, wie Grünspecht schnell sein Zelt zusammenfaltete und es in den Rucksack stopfte.

»Im Laderaum liegt ein Seil«, sagte Sumai und deutete nach hinten. »Vielleicht könnt ihr ihn damit hochziehen?«

»Ich mach das!«, rief Olchi-Opa.

Er öffnete den Laderaum und fand das Seil hinter einer Werkzeugkiste. Sumai öffnete ihm die Seitentür, und Olchi-Opa beugte sich hinaus. Er musste seine Glupschaugen fest zusammenkneifen, so stark war der Wirbelwind, den der Propeller verursachte.

»Pass auf, Opa!«, riefen die Olchi-Kinder. »Fall nicht raus!«

»Ach was«, brummte Olchi-Opa und warf Grünspecht das Seil zu.

Der stand unten neben dem baumelnden Seil und machte ein unglückliches Gesicht.
»Das schaffe ich nicht!«, schrie er zu Olchi-Opa hinauf. »Ich kann mich da nicht festhalten! Mein Rucksack ist zu schwer!«
»Lausige Müffelwanze, dann hol ich ihn hoch«, sagte das eine Olchi-Kind. »Halt mich fest, Opa!« Und schon kletterte es am Seil hinunter. Es fasste Grünspecht an der Hand und rief nach oben: »Jetzt hochziehen, Opa!« Olchi-Opa zog die beiden so schnell es ging nach oben, und das andere Olchi-Kind half kräftig mit.
»Nicht loslassen! Nicht loslassen!«, jammerte Grünspecht immer wieder. Aber das starke Olchi-Kind hatte ihn fest im Griff, und bald hatten sie die rettende Hubschraubertür erreicht. Grünspecht robbte schnaufend in den Hubschrauber und nahm seinen schweren Rucksack ab.
»Für solch sportliche Aktionen bin ich schon zu alt«, stöhnte er und rieb sich die Schulter.
»Ach was«, sagte Olchi-Opa. »Man ist nie für irgendwas zu alt.«
»Ich bin Sumai, der Postflieger«, sagte Sumai zu ihm. »Die Olchis haben mich befreit.« In kurzen Worten erzählte er Grünspecht, was geschehen war.
Grünspecht schaute die Olchis bewundernd an. »Was würde ich nur ohne euch machen?«
»War doch ein Klacks, beim Kröterich!«, meinte Olchi-Opa und grinste von einem Hörhorn zum anderen.

»Diese verdammten Wilderer«, brummte Sumai. »Als sie meinen Hubschrauber gekapert haben, hatte ich keine Chance. Sie hatten mich in null Komma nichts überwältigt. Ich befürchte, während ich ihr Gefangener war, haben sie vom Hubschrauber aus eine Menge Elefanten und Nashörner abgeschossen.«
»Auch Gorillas?«, fragte das eine Olchi-Kind.
»Ich hoffe nicht«, sagte Sumai. »Gorillas sieht man nicht so leicht vom Flugzeug aus, sie leben tief in den Wäldern.«
Grünspecht erzählte Sumai von Mister Trash.
»Mister Trash?«, rief Sumai. »Den kenne ich. Ich hab ihn kurz nach meiner Entführung bei den Wilderern gesehen. Er war bei ihnen im Zeltlager!«
Grünspecht erblasste. »Nicht zu fassen! Dann steckt er also tatsächlich auch mit den Wilderern unter einer Decke.«
»Schon klar«, sagte Sumai. »Je mehr Tiere ausgerottet werden, desto besser für diese Ölfirma.«
»Dieser Halunke ist ein windiger Frischluftbeutel«, knurrte Olchi-Opa. »Wir sollten ihn mal kräftig einstinkern.«
Grünspecht erklärte, dass er am Landeplatz im Gorilla-Gebiet nach Gerda suchen wollte. Sumai hielt das für eine gute Idee und hatte nichts dagegen, ihn sofort anzusteuern.
»Dorthin habe ich Ihrer Frau auch immer ihren Proviant

geliefert«, erklärte er. »Und jedes Mal hat sie mir einen Brief für Sie mitgegeben.«
»Leider habe ich ja lange keine Nachricht mehr von ihr bekommen«, seufzte Grünspecht.
»Tja, kein Wunder«, meinte Sumai. »Ich war ja auch ziemlich lang außer Gefecht.«
»Haben Sie vielleicht noch einen Brief von ihr?«, fragte Grünspecht hoffnungsvoll.
Sumai nickte. »Der letzte, den sie mir mitgegeben hat, könnte noch hinten im Postsack liegen. Hoffe, der Sack ist noch da und diese Banditen haben ihn nicht weggeworfen. Sehen Sie mal im Laderaum nach.«
Grünspecht fand den Postsack tatsächlich in der Ecke neben dem Feuerlöscher und dem Erste-Hilfe-Koffer. Ungeduldig wühlte er darin herum und fischte einen Brief heraus, der adressiert war an *Gustav Grünspecht, Spitzmausweg* 3, *Schmuddelfing, Deutschland*.
Er öffnete ihn mit zitternden Fingern und begann vorzulesen.

»Mein lieber Gustav,
nur noch ein paar Tage will ich hier im Dschungel verbringen, dann mache ich mich auf den Rückweg zur Gorilla-Station. Happy Oil *beunruhigt mich nach wie vor, da wartet noch eine Menge Arbeit auf mich. Wir Tierschützer stehen ihren Plänen im Weg, und am liebsten würden sie uns … na ja, ich will Dich nicht allzu sehr beunruhigen.*

Die lieben Gorillas sind inzwischen so was wie Freunde für mich geworden, und sie zu verlassen fällt mir nicht leicht. Ich habe traumhafte Fotos von ihnen gemacht, Du wirst staunen! Nicht mehr lange, dann geht mein Flieger zurück nach Gammelsberg. Ich hab Dir so viel zu erzählen und freue mich schon sehr auf Dich. Hoffentlich geht es Dir gut, ich vermisse Dich und …«

… und noch ein paar Sätze mehr standen in dem Brief, die aber zu persönlich waren, um sie laut vorzulesen. Mit feuchten Augen ließ Grünspecht Gerdas Brief in seinem Rucksack verschwinden.

Motoröl zum Frühstück

Es dauerte nicht lange, da hatten sie das Gorilla-Gebiet erreicht, und die Scheinwerfer des Hubschraubers beleuchteten den baumlosen Landeplatz.
»Wir sind da!«, sagte Sumai, als er zur Landung ansetzte. »Ich denke, ich werde die Nacht hier im Flieger verbringen. So kann ich die Tür verriegeln und fühle mich sicherer.«
»Ich verstehe«, murmelte Grünspecht. »Nach allem, was Sie gerade erlebt haben. Schlage vor, wir schlafen alle hier drin.«
So gut es ging, machten sie es sich also im Hubschrauber bequem. Sumai verriegelte die Tür und holte eine Matte, einen Schlafsack und zwei Decken aus dem Laderaum. Auch Grünspecht rollte seine dünne Schlafunterlage aus und wickelte sich in eine der Decken.
Die Olchis wollten auf dem Fußboden im Cockpit schlafen. Dort wartete eine angenehme Überraschung auf sie: zwei volle Flaschen Motoröl!
»Allerkrötigst!«, rief Olchi-Opa erfreut und nahm gleich ein kräftiges Gutenachtschlückchen. Motoröl war für ihn die reinste Delikatesse.

»Fast so gut wie Fahrradöl«, freute er sich und reichte die Flasche weiter an die Olchi-Kinder. Die leerten sie bis auf den letzten Tropfen, zerkauten dann auch noch die Plastikflasche, und den kleinen Schraubverschluss schluckte das eine Olchi-Kind einfach so hinunter. Die zweite Flasche wollten sie sich fürs Frühstück aufheben. Sumai konnte kaum glauben, was er da eben gesehen hatte. »Meine Güte! Ihr verderbt euch doch den Magen!«
»Unser Magen verdirbt nie«, kicherte das Olchi-Kind und rülpste, so laut es konnte.
»Muss das denn sein?«, brummte Grünspecht und zog sich die kratzige Decke ein Stückchen weiter über den Kopf.

Die Olchis hatten es sich vorne im Cockpit so richtig gemütlich gemacht. Sie kuschelten sich eng aneinander, pupsten noch ein bisschen um die Wette, aber nur ganz leise, um Grünspecht und Sumai nicht zu stören, und keine fünf Minuten später waren sie auch schon eingeschlafen.

Irgendwann am späten Vormittag hatte die Sonne die Hubschrauberkabine in eine brütend heiße Sauna verwandelt. Fast gleichzeitig wachten sie alle auf.
»Ich ersticke«, stöhnte Grünspecht. »Machen Sie schnell die Tür auf, Sumai!«
Der Pilot entriegelte die Hubschraubertür, und jetzt konnten sie wieder atmen. Auch draußen war die Luft feuchtheiß und schwül, aber es wehte ein angenehmes Lüftchen. Sumai kannte ganz in der Nähe einen kleinen Bach, an dem sie sich erfrischen konnten.
Grünspecht kramte einen Beutel mit Waschzeug aus dem Rucksack. Ein Stück Seife aus dem *Lion Safari Camp* hatte er auch noch dabei.
Auch die Olchis waren inzwischen wach geworden.
»Müffelsocke! Schon wieder Mistwetter!«, rief Olchi-Opa enttäuscht, als er mit den anderen aus dem Hubschrauber kletterte.
»Stellt euch nicht so an«, sagte Grünspecht. »Es gibt ja wirklich Schlimmeres.«
»Schlimmer ist nur, dass wir hier schon wieder keinen

Müll haben«, meinte das eine Olchi-Kind. »Vielleicht können wir ja ein Stückchen von dem Hubschrauber essen?« Die Olchi-Kinder schauten mit hungrigen Augen auf die dicken Reifen.
»Finger weg!«, rief Grünspecht. »Der Hubschrauber ist tabu! Er wird nicht angerührt!«
»Wieso wollen sie den Hubschrauber essen?«, fragte Sumai verwundert. »Ein kleiner Scherz, oder?«
Auf dem Weg zum Bach erklärte Grünspecht es ihm. Anscheinend hatte Sumai keine Ahnung von den olchigen Essgewohnheiten.
»Ach du schleimiger Stinkstiefel, was tut ihr denn da?«, rief Olchi-Opa entsetzt. Staunend sah er dabei zu, wie sich Sumai und Grünspecht die Hemden auszogen, sich kräftig mit Seife einrieben und mit dem frischen Wasser bespritzten. Grünspecht hatte sogar eine winzige Bürste in der Hand, mit der er eifrig an seinen Zähnen herumschrubbte.
»Muffelfurzteufel!«, riefen die Olchi-Kinder. »Ihr werdet noch krank davon!«
Doch Sumai lachte nur, und auch Grünspecht sah überhaupt nicht krank aus. Er wirkte heute sogar ausgesprochen munter und unternehmungslustig.
Nachdem er mit dem Zähneputzen fertig war, kramte er aus den Tiefen seines Rucksacks die Zutaten für ein notdürftiges Frühstück: Schokolade, Kekse, Vollkornbrot, einen Apfel und einen uralten Teebeutel.

Sumai suchte Holz für ein kleines Lagerfeuer, stellte einen verbeulten Topf darauf und hängte Grünspechts Teebeutel hinein.
Olchi-Opa lief schnell zum Hubschrauber, um die zweite Flasche Motoröl zu holen. Sumai hatte nichts dagegen.
Ein schwarzer Vogel kam über die Lichtung geflattert und ließ sich auf dem Propeller des Hubschraubers nieder. Deutlich konnte man seinen farbenprächtigen Kopf und den lang gebogenen gelben Schnabel sehen.
»Wie schön, ein Tukan! Ein Nashornvogel!«, rief Grünspecht begeistert. »So einen sieht man nicht alle Tage. Seht euch das Horn auf seinem Schnabel an. Der

wulstige Aufsatz ist meist hohl, oder er besteht aus lockerem Knochengewebe, das meist …«
»Sie kennen sich aber gut aus«, unterbrach ihn Sumai. »Für mich sind diese Vögel Glücksbringer. Jedes Mal, wenn ich einen sehe, dann freue ich mich.«
»Oh, das wäre schön«, sagte Grünspecht. »Wir könnten alle jede Menge Glück gebrauchen.«
»Beim Muffelfurz!«, rief Olchi-Opa. »Wollt ihr jetzt die ganze Zeit hier herumsitzen und Vögel beobachten? Es kann ja eine Ewigkeit dauern, bis die Gerda endlich kommt. Falls sie überhaupt jemals kommt.«
»Ich hoffe sehr, dass sie bald kommen wird«, sagte Grünspecht und nahm ein letztes Schlückchen von dem heißen Wasser, das tatsächlich ein bisschen nach Tee schmeckte.
»Bestimmt wird sie irgendwann noch einmal nach dem Hubschrauber sehen«, meinte Sumai.
»Ich mag aber nicht warten, das ist mir zu langweilig«, meinte Olchi-Opa. »Wir gehen besser noch einmal in den Dschungel hinein und suchen nach ihr.«
»Ja, genau!«, riefen die Olchi-Kinder. »Wir kommen mit dir, Opa!«
Sumai zog die Augenbrauen hoch.
»Ich glaube nicht, dass das ein guter Plan ist. Der Urwald steckt voller Gefahren, wenn man sich nicht auskennt.«
»Wir kennen uns aber gut aus«, erklärten die Olchi-Kinder. »Wir sind schon so lang darin herumgelaufen. Für uns ist das kein Problem.«

»Na gut«, sagte Grünspecht. »Dann zieht mal los, wenn ihr unbedingt wollt. Ich bleibe auf jeden Fall hier. Ich habe sonst Angst, dass ich Gerda verpasse, wenn sie hier aufkreuzt.«
Olchi-Opa war aufgestanden und meinte: »Außerdem will ich noch ein paar von diesen krötigen Stinkerfrüchten suchen. Kann nicht behaupten, dass mich das bisschen Motoröl satt gemacht hat. Mal sehen, ob wir unterwegs was finden.«
Und die Olchi-Kinder versprachen: »Wir kommen auch bestimmt bald wieder. Und dann bringen wir die Gerda mit!«
Schon liefen sie los.
»Wollt ihr nicht doch sicherheitshalber die Mückensalbe mitnehmen?«, rief ihnen Grünspecht nach. »Oder das Fernglas? Oder wenigstens den Kompass?« Aber er bekam keine Antwort mehr.
Die Olchis waren schon über alle Berge.

Die Olchis allein im Busch

Die Olchis wussten nur so ungefähr, wo sie nach Gerda suchen mussten. Sumai hatte ihnen erzählt, dass sich das Gorilla-Gebiet bis zum Fuß des Vulkans erstreckte. Natürlich hatten sie den Vulkan im dichten Busch nicht ständig im Blick, aber die Richtung hatten sie sich gut eingeprägt. Die meiste Zeit ging es leicht bergauf, sie schlugen sich eifrig durch den Busch und kamen gut voran.
Immer wenn sich der dichte Dschungel in Waldschneisen und helle Lichtungen öffnete, konnten sie den Gipfel des Vulkans deutlich vor sich sehen.
»Gerda! Wo bist du?«, riefen sie immer wieder in den Wald hinein, aber keine Gerda meldete sich.
Als sie ein knappes Stündchen unterwegs waren und noch immer keine Spur von ihr entdeckt hatten, wurde den Olchi-Kindern die Sucherei langsam lästig.
»Dieser Wald ist viel zu groß«, seufzte das eine Olchi-Kind resigniert. »Beim Muffelwind, ich fürchte, wir finden sie nie. Und Gorillas gibt es hier anscheinend auch keine. Vielleicht sind sie ja doch schon alle ausgestorben?«
Das andere Olchi-Kind ließ sich seufzend auf eine Baumwurzel plumpsen.

»Hier sieht alles so schrecklich grün aus! Immer nur Pflanzen, Pflanzen, Pflanzen! Immer nur grün, grün, grün!«

»Was meckerst du herum?«, wunderte sich Olchi-Opa. »Grün ist doch krötig! Du bist doch selber grün, hast du das vergessen?«

»Trotzdem! Ich kann das dumme Grün schon nicht mehr sehen«, brummte das Olchi-Kind.

»Ach was«, sagte Olchi-Opa. »Vor 700 Jahren war ich mal in der Sahara. Das war viel schlimmer! Da gab es kein Fitzelchen Grün. Es gab nur braunen Sand, und alles war braun, braun, braun! Hab ich das schon mal erzählt?«

»Nein, Opa, aber du darfst es uns ruhig erzählen, wenn du unbedingt möchtest«, sagte das Olchi-Kind.

Das ließ sich Olchi-Opa nicht zweimal sagen. »Ich hatte solchen Hunger in der Sahara, dass ich kiloweise Sandkörner gegessen habe«, begann er zu erzählen. »Es gab Sandkuchen, Sandalen, Sandsteine und Sandpapier. Jede Nacht hab ich auf einer anderen Sandbank übernachtet. Ich hab mich mit Sanddünen zugedeckt und auf den Sandmann gewartet.«

»Auf den Sandmann?«, fragten die Olchi-Kinder. »Wieso das denn?«

»Na ja, er ist mit seinem Lastwagen gekommen. Damit transportierte er die Sandkörner bis nach Schmuddelfing. Ich bin einfach hinten raufgesprungen und hab mich …«

»Schau mal, Opa, da oben liegt eine Katze«, unterbrach

ihn das eine Olchi-Kind plötzlich und zeigte auf einen Baum.
Jetzt sahen es auch die anderen. Auf einem dicken Ast hatte sich ein gefleckter Leopard ausgestreckt.
»Rattiger Hühnerich, das ist aber eine ziemlich große Katze«, sagte Olchi-Opa. »Los, wir gehen schnell weiter. Es ist sicher besser, wir stören sie nicht!«
»Ich will sie aber gern ein bisschen streicheln«, sagte das eine Olchi-Kind, und noch ehe Olchi-Opa *Muffelfurzteufel* sagen konnte, war es schon oben auf dem Baum.
»Wanziger Mückenfurz, musst du unbedingt alle Tiere streicheln?«, brummte Olchi-Opa.
Der Leopard war jetzt aufgewacht. Sein langer Schwanz schwang hin und her, und die schräg stehenden grünen Augen fixierten das Olchi-Kind scharf.
»Ein schönes Fell hast du«, sagte das Olchi-Kind und streckte seine kleine Olchi-Hand nach ihm aus. Der Leopard ließ ein kurzes Fauchen hören. Die langen Barthaare zitterten, und sein Maul war jetzt ein Stück weit geöffnet, sodass man seine gefährlich scharfen Zähne sehen konnte.
»Beim Gräterich, du hast ja richtige Olchi-Zähne«, murmelte das Olchi-Kind erschrocken. Schnell zog es die Hand zurück.
»Vorsicht, Stinkerling!«, rief ihm das andere Olchi-Kind zu. »Das Vieh sieht hungrig aus! Komm wieder runter!«
Auch Olchi-Opa hatte die Gefahr erkannt. Diese Riesenkatze sah alles andere als freundlich aus.

»Gähn ihn an!«, rief er dem Olchi-Kind zu. »Mach schnell, beim Kröterich!«
Der Leopard spannte seine Muskeln an und duckte sich. Gleich würde er das Olchi-Kind anspringen. Doch das Olchi-Kind blickte dem Biest ganz fest in seine Katzenaugen. Dann riss es den olchigen Mund sperrangelweit auf und gähnte kräftig.
Auch Raubkatzen haben schlimmen Mundgeruch, aber der olchige Gestank war selbst für einen Leoparden zu viel. Er verdrehte die Augen, schwankte gefährlich und fiel fast vom Ast. Dann aber fing er sich wieder und sprang mit einem eleganten Satz vom Baum.

»Schade«, rief das Olchi-Kind. »Die Tiere bei uns in Schmuddelfing lassen sich immer gern streicheln.«
»Ist eben alles anders hier in Afrika«, meinte Olchi-Opa.
»Ich bin froh, wenn wir wieder daheim sind«, erklärte das Olchi-Kind und hüpfte von seinem Ast.
»Da musst du leider noch eine Weile warten«, sagte Olchi-Opa.
Sie marschierten tapfer weiter und riefen dabei von Zeit zu Zeit: »Gerda! Gerda!«
Immer wenn sie an einen besonders hohen Baum kamen, kletterte einer von ihnen hinauf und hielt Ausschau.
Irgendwann meinte Olchi-Opa: »Muffelfurz und Käserich! Waren wir hier nicht schon mal? Ich hab das Gefühl, wir laufen im Kreis! Die Bäume hier kommen mir so bekannt vor.«
»Ja, es sieht alles völlig gleich aus«, sagte das eine Olchi-Kind.
Plötzlich hörten sie ein unerwartetes Geräusch, und es war kein Geräusch des Dschungels. Es klang wie eine menschliche Stimme!
Sie blieben stehen und lauschten. Tatsächlich! Sie hatten sich nicht getäuscht. Da rief jemand: »Hallo! Hallo!«
»Gerda? Bist du das?!«, schrien die Olchis, so laut sie konnten, und rannten los.
Zwischen mannshohen Farnblättern stand Gerda Grünspecht.
Ihr helles Safarihemd war dreckverkrustet, die blonden

Haare zerzaust. Sie schleppte eine große Umhängetasche, und vor ihrer Brust baumelte ein Fotoapparat.
»Ach du liebe Zeit, das gibt es doch nicht! Die Olchis!« Gerda traute ihren Augen nicht. »Was macht ihr denn hier?«
Natürlich kannte sie die Olchis aus Schmuddelfing und konnte kaum glauben, dass sich die kleinen Stinkerlinge jetzt im afrikanischen Urwald herumtrieben.
»Wir haben nach dir gesucht!«, erklärten ihr die Olchis. In ihrer Aufregung redeten sie jetzt alle durcheinander. »Und dein Gustav sucht dich auch und macht sich Sorgen, und er wartet drüben am Landeplatz auf dich, und Mister Trash sucht dich leider auch, aber wir haben ihn abgehängt, weil er ja zur Ölfirma gehört, und deshalb soll er dich besser nicht finden, und jetzt ist er immer noch in der Gorilla-Station!«
Das waren ziemlich viele Informationen auf einmal, und Gerda brauchte eine Weile, bis sie alles verstanden hatte.
»Na, das ist ja eine Überraschung!«, sagte sie. »Was für ein Glück, dass ihr gekommen seid. Ich war gerade mal wieder auf dem Weg zum Landeplatz, um nach dem Helikopter zu sehen. Früher ist der Postflieger ja immer ganz pünktlich gekommen, so, wie es verabredet war. Keine Ahnung, wo er in letzter Zeit abgeblieben ist. Ich war nun schon ein paarmal dort und habe auf ihn gewartet, aber er ist nie gekommen. Ich will nämlich zurück zur Gorilla-Station.«

Olchi-Opa sagte ihr, was geschehen war. Dass der Postflieger entführt worden war und wie sie ihn befreit hatten.
»Das habt ihr gut gemacht«, sagte Gerda. »Ihr seid großartig. Man sollte euch hier als Wildhüter anstellen!«
»Warum bist du denn nicht einfach zu Fuß zurück zur Gorilla-Station gegangen?«, fragte das eine Olchi-Kind.
»Das ist viel zu weit«, sagte Gerda. »Aber wenn der Flieger auch heute nicht gekommen wäre, dann hätte ich es wohl versucht.«
Sie sah erschöpft und hungrig aus.
»Ihr habt nicht zufällig was Essbares dabei?«, fragte sie. »Mein Proviant ist längst aufgebraucht, und ich habe seit Tagen nichts Ordentliches mehr im Bauch.«
»Schleimiger Käserich, das kennen wir«, seufzte Olchi-Opa. »Wir haben auch nichts Ordentliches im Bauch. Hier gibt es überhaupt keinen Müll. Dass ein Dschungel so entsetzlich sauber sein kann, hätten wir nicht gedacht.«
»Sonst wären wir vielleicht gar nicht mitgekommen«, sagten die Olchi-Kinder.
Gerda musste schmunzeln.
»Da hab ich ja noch mal Glück gehabt! Na, dann mal los, meine lieben Schmuddelfinger! Gehen wir zum Hubschrauber. Hoffentlich ist er auch wirklich da!«

Im Arm des Gorillas

Gerda kannte sich gut aus im Dschungel, und den Weg zum Landeplatz war sie schon oft gegangen. Sie war auch eine geübte Fährtenleserin, denn als sie an einen frisch ausgetretenen Trampelpfad kamen, wusste sie sofort, dass es sich um Spuren von Gorillas handelte.

»Schaut mal nach oben!«, sagte sie, und die Olchis reckten neugierig ihre Knubbelnasen in die Luft. Im Blätterdach eines Baumes sahen sie ein schwarzes Wollknäuel sitzen. Das Wollknäuel wippte blätterraschelnd hin und her, stieß einen heiseren Gorillaschrei aus und ließ sich auf einen der unteren Äste fallen. Wie ein Trapezkünstler fing der Affe sich geschickt mit den Händen, schlang seine Beine um den Ast und schaukelte hin und her. Dann ließ er sich noch ein paar Stockwerke tiefer fallen, fing sich wieder auf, und am Ende landete er mit einer geschickten Judorolle direkt vor Olchi-Opas Füßen.

»Muffelfurzteufel«, sagte Olchi-Opa beeindruckt. »Was für ein krötiger Turner! Vor 500 Jahren konnte ich so was auch noch!«

»Es ist ein Gorillakind«, erklärte Gerda. »Ich denke, es ist Jimmy.«

»Du kennst ihn?«, fragten die Olchi-Kinder erstaunt.
»Ja«, sagte Gerda. »Er gehört zu einer größeren Sippe, die ich seit Langem beobachte. Ich habe ihnen allen Namen gegeben.«
Der kleine Gorilla hatte sich aufgerappelt und schaute Gerda und die Olchis neugierig an, so, als wollte er die Lage peilen, dann lief er ein wenig wackelig davon.
Sie folgten ihm bis zu einer Lichtung, wo im hohen Gras acht weitere Berggorillas saßen. Ein paar von ihnen guckten verdutzt auf die unerwarteten Besucher. Gerda war stehen geblieben.
»Wir gehen besser nicht näher ran«, sagte sie. »Wir bleiben zusammen und halten mindestens sieben Meter Abstand.«
Plötzlich begann sie laut mit der Zunge zu schnalzen und eigenartige Grunzgeräusche auszustoßen.
»Beim Läuserich, was tust du denn da?«, fragten die Olchi-Kinder verwundert.
»Diese Geräusche beruhigen sie«, erklärte ihnen Gerda. »Mich kennen sie gut, aber ihr seid ihnen fremd. Immer wenn ich diese Laute mache, wissen sie, dass alles in Ordnung ist und dass keine Gefahr besteht.«
Tatsächlich schienen die Gorillas von den Ankömmlingen nicht sonderlich beeindruckt zu sein. Zwei etwas größere Gorillakinder begannen schon wieder, das saftige Gras mitsamt den Wurzeln auszureißen und es sich mit großem Appetit in den Mund zu stopfen.

»Fressen sie denn nur dieses Graszeug?«, fragte das eine Olchi-Kind.
»Nein, auch junge Wurzeln und die Halme von Bambus«, erklärte Gerda. »Gern mögen sie auch weiche Borken, Pilze und saftige Blätter. Und frische Früchte natürlich. Die schmecken ihnen ganz besonders.«
Die Olchi-Kinder rümpften die Nase.
»Beim Hühnerich, frische Früchte klingt aber gar nicht gut«, meinte das eine Olchi-Kind.
»Werden sie denn davon satt?«, fragte das andere Olchi-Kind.
»So ein ausgewachsener Gorilla verdrückt 30 Kilo Pflanzen am Tag. Das ist eine ganze Menge«, sagte Gerda. »Seht nur, wie wohl sie sich fühlen! Ist doch das reinste Paradies hier, findet ihr nicht?«
»Na ja«, brummte Olchi-Opa. »Ein Paradies stell ich mir anders vor. Mit ein bisschen mehr Abfall und so.«
Die beiden Gorillakinder hatten jetzt einen kleinen Zweikampf begonnen und purzelten laut kreischend im Gras herum. Zwei größere lagen entspannt auf dem Rücken, kratzten sich mit den Füßen am Ohr und begutachteten zwischendurch immer wieder neugierig ihre Fingernägel.
»Das macht Olchi-Papa auch oft, wenn er mit seinem Müllbad fertig ist!«, kicherte eines der Olchi-Kinder.
Ein dickes Weibchen hatte die Augen geschlossen und säugte zufrieden ihr durstiges Gorillababy. Und ein

zweites Weibchen zupfte sich juckende Krabbeltiere aus dem Fell und steckte sie sich schmatzend in den Mund.
»Der da gefällt mir!«, sagte Olchi-Opa und deutete auf einen großen, zotteligen Gorilla, der im Yoga-Sitz dasaß und an einem Bambusrohr herumkaute.
Dieser Gorilla stand jetzt im Zeitlupentempo auf und umkreiste ganz langsam seine Sippe, so als wollte er mal nach dem Rechten sehen und kontrollieren, ob auch alle glücklich und zufrieden waren.
»Ein Silberrücken«, sagte Gerda. »Seht euch das Fell auf seinem Rücken an! Im Alter wird es immer silberner.«
»Bei mir nicht«, meinte Olchi-Opa. »Ich bin noch überall grün.«
»Er ist der Chef der Familie«, sagte Gerda. »Ich hab ihn Charles getauft. Schätze, er wiegt ungefähr 200 Kilo.«
Der Gorilla hatte eine hohe Stirn und behaarte Arme, so dick wie Baumstämme.
»Ein ziemlich kräftiger Bursche, beim Kröterich«, murmelte Olchi-Opa nachdenklich. »Mit so einem hab ich mal im Schmuddelfinger Zoo Armdrücken gespielt.«
»Wie bitte?«, fragte Gerda erstaunt.
»Am Ende hab ich ihn angegähnt«, erzählte Olchi-Opa.
»Da hat er aufgegeben!«
»Er sieht sehr nett aus, dieser Charles-Gorilla«, meinte das eine Olchi-Kind. »Nicht so, als ob er uns etwas tun wollte.«
»Na ja, so ein Gorilla kann einen schon mal anrempeln«,

sagte Gerda. »Aber sie sind nicht aggressiv. Nur manchmal ein wenig derb, wenn sie spielen wollen.«
»Mir gefällt es hier ganz gut«, meinte das eine Olchi-Kind. »Sieht alles sehr gemütlich aus bei den Gorillas.«
»Finde ich auch«, sagte Gerda. »Es wirkt alles sehr idyllisch. Sie haben ja auch ein schönes Leben. Morgens wird gefressen, bis zum Mittag ruhen sie sich aus, nachmittags wird wieder gefressen, und in der Nacht wird geschlafen. Dazu bauen sie sich Schlafnester oben in den Bäumen. Nur die Männchen schlafen oft unten auf dem Boden.«
»Klingt gut!«, sagte Olchi-Opa.
Gerda schmunzelte. »Eigentlich haben sie einen ganz ähnlichen Tagesablauf wie ihr Olchis, findet ihr nicht?«
Olchi-Opa schüttelte den Kopf. »Wir bauen aber keine Nester! Wir schlafen in alten Obstkisten, das ist praktischer.«
Jetzt hatte Charles seinen Kurs geändert. Auf allen vieren kam er auf die Olchis zu.
»Nicht weglaufen«, warnte Gerda noch einmal. »Bleibt einfach stehen.«
Der Gorilla kam langsam näher. Obwohl sein Mund ein wenig zu lächeln schien, sahen die kleinen, eng stehenden Augen doch nachdenklich und fast ein wenig traurig aus.
Gerda schnalzte wieder mit der Zunge und sagte mit ruhiger Stimme: »Hallo, Charles! Alles ist gut, Charles!«
Doch der Silberrücken beachtete sie gar nicht. Anschei-

nend interessierte er sich nur für das eine Olchi-Kind. Als er ganz nah war, streckte er einen Arm nach ihm aus, fasste es um die Hüfte und hob es vorsichtig hoch. Das Olchi-Kind wehrte sich nicht und ließ es einfach geschehen.

»Schleime-Schlamm und Käserich …«, murmelte Olchi-Opa.

Charles trug das Olchi-Kind hinüber zur Wiese. Er setzte sich im Yoga-Sitz ins Gras, begann seinen mächtigen Oberkörper hin und her zu wiegen. Dabei lag das Olchi-Kind in seinen Armen wie ein Baby.

»Kräftig angähnen, Stinkerling!«, rief Olchi-Opa nervös. »Gähn ihn endlich an, dann lässt er dich los!«

Doch das Olchi-Kind dachte gar nicht daran.

»Schleime-Schlamm-und-Käsefuß«, rief es glücklich. »Ich glaub, er mag mich!«

Der Gorilla strich dem Olchi-Kind mit seinen faltigen Fingern neugierig über die glatte Olchi-Haut. Er zupfte auch an den steifen Olchi-Haaren herum und tat das so ruhig und sorgfältig, als hätte er es schon oft gemacht und als wäre es ein gewohntes Ritual.

»Er sucht nach Hautschuppen und Läusen«, erklärte Gerda lächelnd. »Das ist ein Zeichen der Zuneigung!« Sie nahm ihre Kamera und knipste schnell ein paar Fotos.

Als der Gorilla mit der Körperpflege fertig war, ließ er das Olchi-Kind behutsam los, und es konnte zu den anderen zurücklaufen.

»Beim Muffelfurz, du warst ganz schön mutig!«, meinte das andere Olchi-Kind.
»Wieso mutig? Es hat doch nur ein wenig gekitzelt!«, sagte das eine Olchi-Kind.
»Ich denke, nun ist es Zeit, sich zu verabschieden«, sagte Gerda.
»Schade!«, riefen die Olchi-Kinder.
»Ich hab mich schon so oft von den Gorillas verabschiedet«, meinte Gerda, »und es fällt mir immer schwerer. Jedes Mal hoffe ich, dass noch alle da sind, wenn ich wiederkomme.«

»Du denkst an die Wilderer?«, fragte Olchi-Opa.
»Natürlich«, sagte Gerda mit sorgenvollem Gesicht.
»Dass sie irgendwann auch meine Gorilla-Familie aufstöbern, mag ich mir gar nicht vorstellen. Aber hoffen wir das Beste.«

Wieder vereint

Oben am Himmel explodierte eine rote Leuchtkugel. »Sicher Sumais Leuchtpistole«, sagte Gerda. »Aber das wär gar nicht nötig, den Weg finde ich auch so.« Trotzdem freute sie sich über das Zeichen am Himmel, denn jetzt hatte sie die Gewissheit, dass Gustav und Sumai auch tatsächlich da waren, so wie es die Olchis versprochen hatten.

Nach einer Weile hatten sie den Landeplatz auch schon erreicht.

Gerda trat als Erste hinaus auf die stoppelige Grasfläche, auf der die Luft vor Hitze flimmerte. Der kleine Helikopter stand da wie eine riesige Libelle, und seine polierten Rotorblätter glänzten in der Sonne. Sumai döste im Schatten des Hubschraubers, neben ihm saß Gustav und schrieb etwas in sein Notizbuch. Mit einem Aufschrei sprang er hoch, als er Gerda aus dem Busch kommen sah.

»Gerda! Meine Gerda! Da bist du ja!« Er rannte auf sie zu, und sie fielen sich in die Arme.

»Muffelfurzteufel, wir haben doch gesagt, dass wir sie mitbringen!«, rief Olchi-Opa voller Stolz.

»Sie hat uns die Gorillas gezeigt!«, sagten die Olchi-Kinder.
Doch Gustav Grünspecht hatte nur Augen für seine Frau.
»Mein Gustav!«, flüsterte Gerda und drückte Gustav ganz fest, so als wollte sie ihn nie mehr loslassen.
Auch Sumai war aufgesprungen, und auch ihn umarmte Gerda herzlich. Wie glücklich war sie jetzt, ihn gesund und munter wiederzusehen!
Sie erzählte, was sie im Urwald erlebt hatte und wie sie immer wieder vergeblich auf den Hubschrauber gewartet hatte.
»Gut, dass ich dich wiederhabe«, sagte Grünspecht zu ihr. »Hatte schon befürchtet, dass dich die Wilderer auch entführt haben, so wie den armen Sumai.«
»Sie haben mich nur noch nicht erwischt«, meinte Gerda und strich sich eine Haarsträhne aus den Augen. »Tja, ich bin eben so unsichtbar wie ein schwarzer Panther in der Nacht!«
Sumai schüttelte den Kopf. »Sie sollten nicht so oft allein in den Dschungel gehen! Mir gefällt das gar nicht. Wenn die Wilderer Sie finden, dann haben Sie nichts zu lachen.«
Gerda lächelte müde. »Das gehört nun mal zu meiner Arbeit, Sumai. Ich muss zusammen mit den Gorillas leben, das weißt du doch! Nur so kann ich ihre Verhaltensweisen genau studieren.«
»Trotzdem«, sagte Sumai. »Ich mache mir immer Sorgen um Sie.«

Gerda seufzte. »Du hast schon recht. Es sieht ja tatsächlich so aus, als hätte ich mir ein paar Feinde gemacht. Diese *Happy-Oil*-Leute würden mich wohl am liebsten auf den Mond schießen.«
Gustav nahm die Brille ab und putzte sie nervös an seinem Safarihemd.
»Da wartet noch eine unschöne Überraschung auf dich«, sagte er. »Ein Mister Trash sitzt in der Gorilla-Station herum. Er ist einer von diesen Öl-Leuten und möchte dich unbedingt finden. Keine Ahnung, was er von dir will.«
»Davon haben mir die Olchis schon erzählt«, sagte Gerda. »Na, da bin ich ja mal gespannt, was er mir zu sagen hat.«
»Er hat eine Pistole!«, rief das eine Olchi-Kind. »Damit hat er auf ein warziges Schwein geschossen!«
»Eine Pistole?«, fragte Gerda. »Nun, er wird mich schon nicht vor aller Augen erschießen wollen, oder?«
»Vor aller Augen bestimmt nicht«, murmelte Sumai, und Gustav warf ihm einen erschrockenen Blick zu.
»Wir werden sehen«, sagte Gerda. »Jetzt freue ich mich erst mal auf ein frisches Hemd und was Ordentliches zu essen!«
Sie kletterten in den Helikopter, und Sumai startete den Motor. Dann ging es mit Vollgas zurück zur Gorilla-Station.

Das Versteckspiel ist vorbei

Als der Hubschrauber zur Landung ansetzte, sagte Gustav zu Gerda: »Bleib bitte noch kurz hier drin. Ich will mir diesen Mister Trash erst mal alleine vorknöpfen. Ich muss ein ernstes Wort mit ihm reden, bevor er dich zu sehen bekommt.«

»Pass auf dich auf«, sagte Gerda. »Leg dich nicht mit ihm an.«

»Keine Sorge«, sagte Grünspecht, und Sumai meinte: »Ich bin ja auch noch da.«

»Beim Läuserich! Und wir auch!«, riefen die drei Olchis im Chor.

Gustav lächelte. »Na, wunderbar! Zusammen sind wir ganz schön stark.«

Wie von Gustav vorgeschlagen, hielt sich Gerda fürs Erste noch im Hubschrauber versteckt. Als Grünspecht, Sumai und die Olchis ausstiegen, erwartete sie ein kleines Empfangskomitee.

Mister Henderson stand da und neben ihm die Tierärztin Diana. Auch zwei Wildhüter waren gekommen, die sie vorher noch nicht gesehen hatten, und ein wenig abseits stand Mister Trash. Er machte ein ziemlich griesgrämiges Gesicht.

»Sumai!«, rief Henderson erfreut. »Dem Himmel sei Dank! Da bist du ja endlich wieder!« Sumai wurde von allen freudig begrüßt.
»Ich werde euch alles in Ruhe erzählen«, meinte er. »Jetzt brauch ich aber erst mal ein kühles Bier.«
Mister Trash war näher gekommen. Er machte ein paar schnelle Schritte auf Grünspecht zu.
»Herr Grünspecht!«, rief er laut, und sein sonnenverbranntes Gesicht schien noch eine Spur röter als sonst. »Wieso sind Sie ohne mich losgezogen? Wie konnten Sie mich hier einfach zurücklassen? Das war nicht abgemacht. Das war sehr unhöflich von Ihnen.«
Grünspecht ließ sich nicht beeindrucken.
»Mein lieber Mister Trash«, sagte er so ruhig wie möglich. »Wir wissen inzwischen, wer Sie wirklich sind. Das Versteckspiel hat ein Ende. Wir haben Sie durchschaut.«
»So? Wie? Was meinen Sie damit?« Für einen Moment wirkte Mister Trash verunsichert, doch schon hatte er sich wieder gefangen. »Ich bin ein harmloser Tourist«, stieß er aus. »Ich will hier ein paar nette Fotos von den Tierchen des Waldes machen. Was haben Sie denn gedacht?«
»Ich denke, Sie sind ein Mitarbeiter von *Happy Oil*!«, rief Grünspecht laut. Henderson und die anderen schauten entsetzt auf Mister Trash, der jetzt schwer atmend dastand, wobei man nicht wusste, ob es an der Hitze lag oder an Gustavs Überraschungsangriff.

»Wie bitte?«, rief er und versuchte, eine möglichst harmlose Miene zu machen. »Wie kommen Sie denn auf diese Idee?«
Gustav rief erregt: »Sie tragen ein *Happy-Oil*-T-Shirt, und Sie schreiben Berichte an die Ölfirma! Wir haben Sie längst durchschaut!«
»Und mit den Wilderern arbeiten Sie auch zusammen!«, rief Sumai. »Ich habe Sie mit eigenen Augen bei ihnen im Camp gesehen!«
»Äh, wo? In welchem Camp …?«, fragte Mister Trash.
»Im Dschungelcamp bei den Wilderern!«, rief Sumai. »Sie stecken mit ihnen unter einer Decke!«
»Das ist ja nicht zu fassen!«, rief Henderson. Er gab den beiden Wildhütern ein Zeichen. Sie traten näher und packten Mister Trash fest an den Armen.
»Lassen Sie das!«, schrie Mister Trash und versuchte vergeblich, sie abzuschütteln.
»Ist das wirklich wahr?« Diana schlug die Hände vors Gesicht.
»Aber … aber …«, stotterte Mister Trash. »Das muss ein Irrtum sein …«
»Noch eine Frage«, sagte Grünspecht scharf. »Wieso waren Sie so scharf darauf, Gerda zu finden?«
»Ja, was willst du von ihr, beim Käsefurz?«, mischte sich Olchi-Opa ein. »Wenn einer die Gerda findet, dann sind wir das! Hast du das kapiert?«
»Ich weiß gar nicht, was Sie plötzlich alle gegen mich

haben«, versuchte sich Mister Trash herauszureden. »Ich wollte doch nur behilflich sein. Verflixt und zugenäht! Darf man nichts Gutes mehr tun, ohne gleich in Verdacht zu geraten, dass man …«

»Jetzt ist es aber genug!«

Alle drehten den Kopf zum Hubschrauber, von wo die Stimme gekommen war.

Dort stand Gerda. Sie hatte die Hände in die Hüften gestemmt und sah aus, als würde nichts auf der Welt ihr Angst einjagen können.

»Die Sucherei hat ein Ende!«, rief sie. »Hier bin ich! Was wollen Sie von mir, Mister Trash?«

»Sie … Sie sind Gerda Grünspecht?«, fragte Mister Trash.

»So ist es, und so hab ich immer schon geheißen!« Gerda kam näher. »Wie ich hörte, möchten Sie mit mir reden?«

Mister Trash fragte: »Sie sind die berühmte Tierforscherin, die sich für die armen verfolgten Wildtiere einsetzt? Die wissenschaftliche Arbeiten über die Gorillas schreibt?« Sein Gesicht hellte sich auf. »Ich kann Ihnen alles erklären. Aber dazu muss ich bitte allein mit Ihnen reden. Unter vier Augen, wenn das möglich ist?« Er warf einen Seitenblick auf die beiden Wildhüter, die noch immer seine Oberarme umklammert hielten. »Wenn das bitte möglich ist?«, fragte er noch einmal.

»Na gut. Lasst ihn los«, rief Gerda den Wildhütern zu.

Auch Henderson nickte, und seine Männer gaben Mister Trash wieder frei.

»Aber mein Mann muss dabei sein«, sagte Gerda knapp. »Und vorher geben Sie uns Ihre Pistole.«
»Sehr gern, ja, natürlich«, sagte Mister Trash. Er zog seinen Revolver aus der Tasche und reichte ihn einem der Wildhüter. Der öffnete das Magazin, und die Patronen fielen heraus.
»Wir wollen auch dabei sein, wenn du mit ihm redest!«, riefen die Olchis Gerda zu. »Beim muffeligen Grätensack! Wir lassen dich nicht allein!«
»Also gut, meinetwegen«, sagte Mister Trash. »Gehen wir hinüber zur Hütte. Ich möchte Ihnen gern etwas zeigen.«

Ein unmögliches Angebot

Gerda, Gustav und die Olchis gingen mit Mister Trash in die Hütte. Alle anderen postierten sich draußen vor dem Eingang.
»Setzen Sie sich bitte«, sagte Mister Trash und deutete auf sein schmales Bett und den einzigen Stuhl, der im Zimmer stand.
»Wir stehen lieber«, sagte Gustav kurz.
Der Alu-Koffer war wieder mit einem Fahrradschloss am Bettpfosten befestigt. Mister Trash entfernte das Schloss und legte den Koffer aufs Bett.
»Liebe Frau Grünspecht«, sagte er mit feierlichem Gesicht. »Das hier ist alles für Sie!« Er drehte am Zahlenschloss und klappte den Koffer auf.
Er war bis zum Rand voll mit Geldscheinen.
»Für mich?«, fragte Gerda erstaunt. »Wieso das denn?«
Grünspecht trat näher, strich mit dem Finger über eines der Geldbündel und schüttelte ungläubig den Kopf.
»Wahnsinn«, murmelte er.
»Ist doch nur buntes Papier«, meinten die Olchi-Kinder.
Aber da Gerda und Gustav so ehrfürchtig dastanden, ahnten die Olchis, dass es sich hier um etwas ziemlich

Wertvolles handeln musste. Und so glotzten auch sie mit großen Augen auf die dicken Geldbündel.

»Wie Sie ja inzwischen herausgefunden haben, arbeite ich für die Firma *Happy Oil*«, sagte Mister Trash förmlich. Er überreichte Gerda seine Visitenkarte und lächelte selbstsicher. »Liebe Frau Grünspecht, wir möchten Ihnen gern ein Angebot machen.«

»Ein Angebot?«, fragte Gerda skeptisch. »Was soll ich denn tun?«

»Wenn Sie darauf eingehen, dann würde sich *Happy Oil* sehr dankbar und äußerst großzügig zeigen. Dies ist eine Menge Geld. Sie brauchen nie mehr zu arbeiten, denke ich.«

»Was soll ich dafür tun?«, wiederholte Gerda.
»Es ist sehr einfach«, sagte Mister Trash. »Sie müssten nur Ihren Einsatz für diese Bergaffen ein wenig zügeln und ...«
Gerda unterbrach ihn: »*Zügeln?* Was meinen Sie damit?«
»Ich meine ...« Mister Trash kratzte sich am Bauch. »Keine Briefe mehr an die Regierung. Kein Aufwiegeln der Öffentlichkeit. Lassen Sie die Finger von diesem Nationalpark. Suchen Sie sich eine andere Aufgabe! Vielleicht Australien? Dort könnten Sie sich doch um die armen Kängurus kümmern. Oder Sibirien? Die Eisbären dort haben Betreuung bitter nötig, hab ich gehört ...«
»Sie machen Witze!«, rief Gerda entrüstet.
»Denken Sie nach«, sagte Mister Trash. »Wenn Sie mir schriftlich geben, dass Sie sich hier nicht weiter engagieren, dann gehört das ganze Geld Ihnen. Dann sind Sie eine reiche Frau. Was bedeuten denn schon ein paar Affen? Hier geht es um die industrielle Förderung von großen Ölvorkommen!«
»Schleime-Schlamm-und-Käsefuß«, murmelte Olchi-Opa.
»Gerda, denk nach«, flüsterte Gustav.
»Da muss ich nicht nachdenken!«, rief Gerda und stemmte wieder ihre Fäuste in die Hüften. »Mein lieber Herr Trash, vergessen Sie es! Was glauben Sie eigentlich, wen Sie hier vor sich haben?«
»Aber liebe Frau Grünspecht ...«, versuchte es Mister Trash noch einmal, doch Gerda fuhr einfach fort: »Seit

Jahren kümmere ich mich hier um die bedrohten Tierarten! Anscheinend haben Sie keine Ahnung, wie wichtig mir das ist. Vor zwanzig Jahren gab es weltweit nur noch 200 Berggorillas, jetzt sind es wieder knapp 800! Soll ich Ihnen hier meine Überzeugung verkaufen und mir alles kaputt machen lassen? Da kennen Sie mich aber schlecht! Ich werde auch weiterhin alles tun, um Ölbohrungen im Nationalpark zu verhindern. Ich werde darum kämpfen! Es ist meine Lebensaufgabe, und ich kämpfe nicht nur gegen diese verfluchte Wilderei, nein, ich kämpfe auch gegen Sie, Mister Trash. Gegen Sie und Ihre Happy-Dingsda-Firma, und ich lass mich nicht von Ihnen bestechen und …!« Sie hatte sich richtig in Rage geredet. Ihr Gesicht war gerötet, und ihre Augen blitzten zornig.
Mister Trash unterbrach sie unwirsch: »Aber wer redet denn von Bestechung? Ich möchte doch nur, dass Sie es sich in Ruhe überlegen und …« Er trat einen Schritt zurück, denn Gerda war jetzt fuchsteufelswild geworden.
»Verschwinden Sie hier!«, rief sie. »Stecken Sie sich Ihre Moneten an den Hut. Oder besser noch, lassen Sie alles hier und spenden Sie es der Tierpflege-Station!«
»Das könnte Ihnen so passen«, knurrte Mister Trash mit verkniffenem Gesicht und klappte schnell den Kofferdeckel zu. Er nahm den Koffer und hängte sich seine Reisetasche, die neben dem Bett stand, über die Schulter. Dann drückte er auch Gustav Grünspecht eine Visiten-

karte in die Hand und sagte schnell: »Rufen Sie mich an, falls sich Ihre Frau mein Angebot doch noch überlegt. Vielleicht können Sie ja noch einmal mit ihr reden und …«

»Raus!«, brüllte Gerda.

Mister Trash verließ eilig das Zimmer. Das heißt, er versuchte es. Denn draußen vor der Tür standen immer noch Sumai, Henderson, Diana und die beiden Wildhüter. Und als er die Hütte verlassen wollte, verstellten sie ihm den Weg. Mister Henderson sagte:

»Mister Trash, wir müssen Sie leider festnehmen.«

»Was soll das?«, knurrte Mister Trash. »Lassen Sie mich vorbei! Ich will abreisen!« Er versuchte, sich an Mister Henderson vorbeizudrängeln.

»Nicht so schnell«, sagte Diana. »Wo wollen Sie denn hin? Sie haben kein Fahrzeug, und allein zu Fuß kommen Sie hier nicht weit!«

Henderson rief: »Sumai behauptet nach wie vor, dass Sie mit den Wilderern gemeinsame Sache machen. Wir haben soeben die Polizei verständigt. Bis die hier eintrifft, müssen wir Sie in jedem Fall hier festhalten. Kommen Sie mit uns.«

»Ich denke gar nicht daran!«, keifte Mister Trash. Mit einem schnellen Griff zog er plötzlich eine zweite Pistole aus seiner Reisetasche.

»Hände hoch!«, brüllte er und richtete die Waffe auf Sumai. »Gib mir den Schlüssel vom Hubschrauber!«

Sumai schluckte. »Der Schlüssel steckt«, sagte er.
»Lasst mich vorbei!«, zischte Mister Trash die breitschultrigen Wildhüter an. »Aus dem Weg, oder es passiert ein Unglück!«
Henderson und die anderen machten ihm notgedrungen Platz, und er ging rückwärts in Richtung Hubschrauber, die Waffe noch immer drohend auf Sumai gerichtet.
»Stehen bleiben!«, schrie er. »Keiner rührt sich von der Stelle!«
Er schleuderte seine Tasche und den Alu-Koffer in den Helikopter und kletterte so schnell er konnte hinterher.
»Er haut ab, beim wanzigen Mistbeutel!«, kreischte das eine Olchi-Kind.
»Oh nein!«, rief Sumai verzweifelt. »Nicht schon wieder meinen Hubschrauber klauen!«
Aber es war schon zu spät. Die Rotorblätter drehten sich, und Mister Trash hob ab.
Doch er hatte die Rechnung ohne Olchi-Opa gemacht. Ohne zu zögern, rannte er los. Im allerletzten Moment, als sich der Hubschrauber bereits zwei Meter über dem Boden befand, gelang es ihm, hochzuspringen und sich an eine der Landekufen zu klammern. So leicht würde dieser Halunke nicht davonkommen!

Stinkerstufe 1

Olchi-Opa spürte, wie er nach oben gerissen wurde. Seine Hose flatterte, und seine Beine baumelten wie Wäsche im Wind. Der Hubschrauber machte eine scharfe Linkskurve und flog in hohem Tempo davon.
»Muffelfurzteufel«, knurrte Olchi-Opa und blickte vorsichtig nach unten.
Wie ein grünes Meer erstreckte sich der Dschungel bis zum Horizont, und die Hütten des Lagers waren schon nicht mehr zu sehen.
Zum Glück war Olchi-Opa schwindelfrei und das luftige Fliegen im Freien gewohnt. Das kannte er schließlich vom olchigen Drachen Feuerstuhl.
Mit einem Klimmzug zog er sich hoch. Jetzt konnte er auf der Kufe stehen. Mit seiner ausgestreckten Hand erreichte er gerade so den Türgriff. Er zerrte daran mit seiner ganzen Olchi-Kraft, bis die Tür aufsprang. Ein zweiter Klimmzug, und er konnte sich in den Helikopter robben.
»Was zum Teufel …?!«, schrie Mister Trash. Er starrte ungläubig auf Olchi-Opa, der da so plötzlich neben ihm stand und ihn grimmig anblickte.

»Jetzt pass auf, du windiger Frischluftbeutel!«, rief Olchi-Opa.
Die Pistole konnte er nirgends entdecken, anscheinend hatte Mister Trash sie wieder eingesteckt.
Instinktiv tat er das, was ein Olchi in Notsituationen tun muss: Er begann gleichzeitig zu pupsen, zu gähnen und zu rülpsen. Dabei erzeugte er eine solch gewaltige Menge olchiger Stinkerwölkchen, dass Mister Trash die Luft wegblieb und er fast vom Sitz geblasen wurde.
»Umpf!«, machte er und begann zu husten.
»Ich stinker dich ein!«, rief Olchi-Opa und pupste noch einmal, so kräftig er konnte.
Mister Trash rang nach Luft, machte noch einmal »Umpf!«, dann brachte er keinen Ton mehr heraus, denn ihm war speiübel geworden. Er ließ den Steuerknüppel los und presste die Hände vor den Mund.
Der Helikopter schlingerte und kam in eine gefährliche Seitenlage. Um ein Haar wäre Olchi-Opa aus der offenen Tür gefallen. Gerade noch konnte er sich am Cockpit festhalten.
»Pass doch auf, beim Hühnerfurz!«, rief er verärgert. »Willst du, dass wir abstürzen?« Trotz seines Sonnenbrands sah Mister Trash sehr blass um die Nase aus. Schlapp und hilflos hing er im Sitz. Entschlossen griff Olchi-Opa nach dem Steuerknüppel. Es dauerte nur eine Sekunde, dann hatte er den Hubschrauber im Griff.

»Gib mir die Pistole!«, knurrte er. »Sonst geht es erst richtig los! Das hier war erst Stinkerstufe 1!«
Mister Trash war hundeelend zumute. Ängstlich blickte er Olchi-Opa an.
»Stinkerstufe 1? Wie weit geht das denn?«, presste er heraus.
»Bis 985, wenn es sein muss!«, sagte Olchi-Opa und machte den Mund schon wieder sperrangelweit auf. Auf dem Boden sah Mister Trash zwei Dutzend tote Moskitos liegen.
»Bitte nicht«, keuchte er atemlos. Mit zittrigen Fingern fummelte er die Waffe aus der Tasche. »Pass bitte auf. Das Ding ist geladen.«
Olchi-Opa riss ihm den Revolver aus der Hand und schleuderte ihn mit Schwung aus der offenen Tür.
»Mach Platz!« Er stieß Mister Trash zur Seite, setzte sich auf den Pilotensitz und übernahm das Steuer. Mister Trash wehrte sich nicht.
»Mann, ist mir schlecht«, wimmerte er und hielt sich den Bauch.
»Wanzige Sumpfsocke«, brummte Olchi-Opa. »Das hast du dir selbst eingebrockt!«
Sicher lenkte er den Helikopter zurück zum Landeplatz. Die Leute in der Tierpflege-Station staunten nicht schlecht, als sie Mister Trash mit weichen Knien aus dem Flieger wanken sahen. Gefolgt von einem zufrieden grinsenden Olchi-Opa, der ihnen fröhlich zuwinkte.

»Muffelwind im Ofenloch!«, riefen die beiden Olchi-Kinder. »Unser Opa lebe hoch!«
»Hab gerade zum ersten Mal einen Hubschrauber gesteuert«, sagte Olchi-Opa. »War aber ganz leicht. Vor 300 Jahren war ich mal in Sibirien. Da bin ich mit dem Fallschirm auf einer winzigen Eisscholle gelandet, das war viel gefährlicher! Hab ich euch das schon mal erzählt?«
Doch jetzt war kein guter Moment für seine Geschichten.
Die Wildhüter packten Mister Trash, bogen ihm die Arme auf den Rücken und fesselten ihn.
»Wir werden Sie anklagen wegen Beihilfe zur Wilderei«, sagte Henderson.

»Und wegen versuchten Hubschrauber-Diebstahls!«, rief Sumai.
Grünspecht trat an Mister Trash heran.
»Da fällt mir ein, dass Sie mir noch Ihren Hut schulden!«
»Wie? Meinen Hut? Wieso das denn?«
»Wir hatten doch gewettet, dass Sie mir Ihren Hut geben, wenn wir meine Gerda finden!«
»So? Haben wir das?« Mister Trash schüttelte den Kopf.
»Kann mich nicht erinnern.«
Dann sagte er gar nichts mehr. Ohne weitere Gegenwehr ließ er sich zu einer der Hütten bringen, wo er auf das Eintreffen der Polizei warten musste.

Die anderen verbrachten einen angenehmen Tag in dem kleinen Camp.
Mister Henderson und Diana waren sehr froh, dass es Olchi-Opa gelungen war, Mister Trash festzunehmen. Vielleicht plauderte er vor der Polizei noch einiges aus und brachte sie so auf die Spur der Wilderer.
Sumai war erleichtert, wieder in Freiheit zu sein und seinen Hubschrauber wiederzuhaben. Natürlich wollte er auch weiterhin als Postflieger arbeiten, nur vor den Wilderern musste er sich in Zukunft noch mehr in Acht nehmen. Vielleicht sollte er sich auch einen Revolver besorgen? Oder immer einen Wildhüter als Begleitschutz mitnehmen? Darüber wollte er noch nachdenken.
Grünspecht freute sich, dass seine Gerda wieder bei ihm

war, und er war froh, dass sie das Angebot von Mister Trash ausgeschlagen hatte. Doch etwas anderes hätte er von ihr auch nicht erwartet. So schnell wie möglich wollte er nun zusammen mit ihr nach Schmuddelfing zurückkehren.
Und Gerda war sehr erleichtert über Sumais Rettung. Zu den Olchis sagte sie: »Wie wunderbar, dass ihr mitgekommen seid! Nicht jeder in Schmuddelfing hat so hilfsbereite Nachbarn wie euch!«
»War doch kein Problem«, meinten die Olchis. »Beim Käsefuß, das haben wir sehr gern gemacht!«
Auch für sie war nun alles erledigt, und sie freuten sich darauf, nun bald nach Schmuddelfing zurückzukehren.
Doch Diana hatte noch eine kleine Überraschung für sie. Hinter dem Gemeinschaftshaus zeigte sie ihnen neun prall gefüllte Müllsäcke. Die hatten die Olchis noch gar nicht entdeckt!
»Wo gehobelt wird, da fallen Späne, und wo gekocht wird, da fällt Abfall an«, sagte Diana lachend.
In den Säcken fanden die Olchis herrliche alte Dosen, Flaschen, Plastiktüten, Papier, Alufolien und anderen vermüllten Kram. Sogar ein paar vergammelte Fischgräten waren darunter.
Diana sah mit Erstaunen, wie gut es ihnen schmeckte. Die Olchis schmatzten, schleckten, kauten und rülpsten, bis nichts mehr übrig war, und als Nachtisch verspeisten sie auch noch die grauen Müllsäcke.

»Sehr praktisch für uns«, meinte Diana. »Da müssen wir unseren Müll diesmal gar nicht abtransportieren.«
Irgendwann wurde es Zeit, sich zu verabschieden.
Gerda wollte mit Gustav zurück nach Schmuddelfing.
Gerührt verabschiedete sie sich von den Leuten der Gorilla-Station, und auch den Tieren in den Gehegen sagte sie Auf Wiedersehen.
Wie immer fiel ihr der Abschied nicht leicht, denn das Dschungelcamp war längst ihr zweites Zuhause geworden.
»Ich komme bald wieder«, versprach sie und drückte Henderson, Diana und Sumai ganz fest.
»Wir werden dich vermissen«, sagte Diana.
»Schreib uns bitte bald mal«, sagte Henderson.
Die Olchi-Kinder, die auch noch schnell etwas Nettes sagen wollten, riefen: »Beim Käserich, es war alles sehr krötig bei euch!« Und sie nickten so heftig mit dem Kopf, dass ihre harten Olchi-Haare klapperten.
»Spotzteufel, ihr müsst uns mal in Schmuddelfing besuchen«, sagte Olchi-Opa. »Wir haben dort auch viele schöne Tiere. Den Kröten und den Ratten hab ich sogar das Seiltanzen beigebracht! Vielleicht bringt ihr uns dann einen von den Gorillas mit?«
Henderson und Diana lachten. »Wenn wir in der Gegend sind, schauen wir gern bei euch vorbei!«, versprach Henderson.

Zurück in der Heimat

Die Rückfahrt durch den Dschungel verlief ohne Schwierigkeiten, und Gustav Grünspecht summte die meiste Zeit fröhlich vor sich hin. Jetzt, da Gerda wieder bei ihm war, fühlte er sich sehr erleichtert. Er freute sich wieder über die bunten Vögel und seltenen Schmetterlinge, die sie unterwegs entdeckten, und knipste eine Menge Fotos von ihnen.
Im *Lion Safari Camp* machten sie noch einmal Station. Herr Batai empfing sie wieder sehr freundlich. Am Abend saßen sie dann mit ein paar Touristen am Lagerfeuer, ließen es sich gut gehen und erzählten allen von ihrem Abenteuer. Einer der Touristen hatte seine Wandergitarre dabei, und die Olchis sangen mit ihm zusammen mindestens fünf Mal ihr schönes Olchi-Lied.

Fliegenschiss und Olchi-Furz
das Leben ist doch viel zu kurz!
Wir lieben Schlick und Schlamm und Schleim,
das Leben kann nicht schöner sein!

Wenn wir Stinkerbrühe trinken
und in Matschlöchern versinken,
fühlen wir uns muffelwohl,
das Leben ist doch wundervoll!

Afrika ist wunderschön,
hier kann man viele Tiere sehn!
Der Dschungel, der ist olchig grün,
weil da so viele Pflanzen blühn.

Auch wenn's hier noch so krötig ist,
wir haben Schmuddelfing vermisst,
wir haben jetzt genug gesehn
und dürfen bald nach Hause gehn!

Am nächsten Nachmittag erreichten sie die Hauptstadt. Grünspecht lieferte am Flughafen den Jeep wieder ab, und Gerda besorgte die Flugtickets. Auch hierbei hatten sie Glück, denn schon zwei Stunden später ging ein passender Flug nach Gammelsberg.
Aus der Gepäckaufbewahrung holten sie die olchige Transportkiste und den großen Koffer, und die Olchis kletterten noch einmal hinein. Grünspecht wünschte ihnen einen guten Flug, gab das Gepäck auf und stieg mit Gerda in den Flieger.
In Gammelsberg landeten sie kurz vor Mitternacht. »Endlich wieder daheim, beim Gorilla-Furz!«, sagte

Olchi-Opa, als er gähnend aus dem Koffer kletterte. Auch die Olchi-Kinder wirkten ein bisschen schläfrig, denn die Dunkelheit in ihrer Transportkiste war wieder sehr beruhigend gewesen.
Draußen erwartete sie leichter Nieselregen.
»Spotzteufel, endlich wieder schönes Wetter!«, freute sich Olchi-Opa.
Sie gingen vom Flughafengebäude zum Taxistand, wo sie alle fünf einen Wagen nach Schmuddelfing nahmen.
»Ich freu mich schon auf unseren Hund«, sagte Gerda. »Ich hab ihn so vermisst!«
»Brausewein hat sicher gut für ihn gesorgt«, meinte Grünspecht.
Gerda lachte. »Ich hoffe nur, er hat ihn nicht mit essbarer Zahnpasta oder ähnlichem Zeug gefüttert. Du kennst ja seine komischen Experimente.«
»Lollo holen wir gleich morgen«, meinte Grünspecht. »Heute ist es schon zu spät. Wir können nicht mitten in der Nacht bei Brausewein aufkreuzen.«
Sie lieferten die Olchis direkt vor ihrer Müllkippe ab.
Gerda sagte zu Olchi-Opa: »Ich werde demnächst im Gemeindehaus einen Vortrag über Gorillas halten. Ihr kommt doch auch, hoffe ich?«
»Na klar«, sagte Olchi-Opa. »Jetzt, wo wir Gorilla-Experten geworden sind!«
»Wir kommen gern, beim Kröterich!«, versprach das eine Olchi-Kind.

»Und Olchi-Oma, Olchi-Papa und Olchi-Mama wollen sicher auch mitkommen«, meinte das andere Olchi-Kind.
»Wir kommen alle!«
»Wunderbar«, sagte Gerda. »Das freut mich.«
Sie sagten sich Auf Wiedersehen, und Gustav und Gerda ließen sich nach Hause fahren.
Die Olchis stapften über den Müllberg hinüber zu ihrer Olchi-Höhle.
»Was für ein herrliches Lüftchen ist das hier«, meinte Olchi-Opa. »Kein Vergleich zu Afrika!« Genüsslich sog er die feinfaulige Luft in die Knubbelnase.
Der Regen war inzwischen stärker geworden. Vor der Olchi-Höhle hatte sich schon eine breite Pfütze gebildet.

Die Ratten lagen in ihren kleinen Hängematten, und drei fette Kröten hatten sich nebeneinander auf einer gammeligen Matratze ausgestreckt.
Flutschi, die Fledermaus, schaukelte kopfüber am Höhleneingang, und von Feuerstuhls Garage hörte man ein vertrautes Grunzen.
»Es ist gut, wenn man manchmal wegfährt«, meinte Olchi-Opa. »Spotzteufel, da weiß man wieder, wie schön es zu Hause ist!«
Olchi-Mama und Olchi-Papa lagen schlafend nebeneinander in der rostigen Badewanne. Olchi-Papa hatte eine alte Socke auf dem Kopf, und Olchi-Mama hatte einen Arm um ihn gelegt.
Daneben döste das kleine Olchi-Baby in seiner alten Obstkiste, die Olchi-Papa mit Zeitungspapier gepolstert hatte. Zufrieden nuckelte es an einer langen Fischgräte.
Auch Olchi-Oma lag in einer Kiste. Eigentlich waren es zwei Kisten, die Olchi-Papa zu einer Art Doppelbett aneinandergenagelt hatte. Der Trichter ihres alten Grammofons war auf ihre Hörhörner gerichtet, anscheinend hatte sie zum Einschlafen ihre Lieblingsmusik gehört.
»Seid leise, Stinkerlinge«, flüsterte Olchi-Opa. »Wir wollen sie nicht wecken.«
Er kletterte neben Olchi-Oma in die Kiste und murmelte: »Weckt mich nur, wenn es nicht anders geht!«
Die Olchi-Kinder lagen noch eine ganze Weile wach.
Sie hatten sich im Flugzeug etwas ausgedacht, worüber

sie jetzt dringend nachdenken mussten. Gleich morgen früh wollten sie Olchi-Papa von ihrem Plan erzählen. Olchi-Papa war ein guter Bastler und musste ihnen unbedingt etwas ganz Besonderes bauen.
Sie dachten an eine eigene Tierpflege-Station!
Natürlich gab es hier auf dem Schmuddelfinger Müllberg keine Berggorillas, aber das war nicht weiter schlimm. Eine Tierpflege-Station für alle Schmuddelfinger Tiere sollte es werden. Für die kleinen Mäuse und die hungrigen Ratten, für die frechen Flöhe und die grünen Wanzen, für die gutmütigen Kröten und die lustigen Frösche, für die faule Fledermaus und die glitschigen Schnecken, für die wuseligen Krabbelspinnen und natürlich für den dicken Drachen Feuerstuhl.
Ja, sogar für die kleinen Fliegen sollte sie sein, die ja leider immer abstürzten, wenn die Olchis gähnten. Aber wie konnte man die armen Fliegen vor dem Abstürzen schützen? Zähneputzen wäre da natürlich eine Lösung, aber das war keine besonders olchige Idee. Da musste es noch etwas Besseres geben.
»Wir gehen nach Gammelsberg und fragen Professor Brausewein«, meinte das eine Olchi-Kind. »Dem fällt bestimmt etwas ein.«
»Schleime-Schlamm-und-Käsefuß«, sagte das andere Olchi-Kind. »Oder wir fragen einfach Gerda und Gustav. Das sind doch die allerkrötigsten Tierexperten!«